Das Strandbuch

Ute Wilhelmsen

Das Strandbuch

Handbuch für Küstenentdecker

BOYENS

für Justus

BOYENS
BUCHVERLAG

ISBN 3-8042-1183-6

Herstellung: Boyens Buchverlag
Druck: Boyens Offset, Heide
Printed in Germany

Inhalt

Strandwanderer

Was finde ich am Strand? Vielleicht einen Seestern oder eine schöne Muschelschale, auf jeden Fall aber den typischen Strandwanderer. Je nach Saison und Wetterlage leicht bis gar nicht bekleidet oder dick eingemummelt in wattierte und wasserfeste Hüllen. Zumeist leicht gebückt, die Augen nach unten gerichtet, dem gewundenen Saum aus Angespültem, Tangbüscheln und Muschelschill folgend. Lauter Entdecker auf der Spur von Bernsteinbröckchen, Schneckenhäusern, glattgeschliffenen Glasscherben, schimmernden Muschelschalen, Krebspanzern und anderen Sammlerstücken. Erst auf den zweiten Blick jedoch gibt das Meer seine wahren Schätze preis: Geschichten! Kurioses und Wissenswertes zu der Krebsschere und der Muschel in Ihrer Hand. Zu all den kleinen und großen, einfachen und einfach pfiffigen Wasserwesen, die mehr sind als „Meeresfrüchte" auf einer Pizza.

Lust auf Meer? Dieses Buch lädt zur Schatzsuche ein. Erleben Sie das Meer einmal anders. Lernen Sie Ihre Mitbewohner auf Ihrer Lieblings-Urlaubsinsel kennen. Denn nicht nur im Hotel geben sich skurrile Typen die Klinke in die Hand: Im feuchten Sand unter Ihren Fußsohlen spazieren kuriose Miniaturausgaben von Gummibärchen in Lücken zwischen Sandkörnern umher und naschen Algenrohkost. Das prickelnde Salzwasserbad teilen Sie mit schwebenden Untertassen, behängt mit wallenden Rüschensäumen und be-

wehrt mit winzigen, giftstrotzenden Speerspitzen, die selbst Fischen den Garaus machen. Also Vorsicht vor einer Begegnung der dritten Art!

Wahre Urwälder am Wattboden könnten Sie durchstreifen, wenn Lewis Caroll Ihnen wie seiner Alice im Wunderland einen Schluck aus dem Fläschchen TRINK MICH anbieten würde, dessen Inhalt Sie auf die Größe von einem halben Zentimeter schrumpfen ließe. Baumeister sind kleine Würmchen, die sich ihre Wohnbäume aus Muschelstückchen zusammenleimen und in den Baumkronen ihre Fühler nach Essbarem ausstrecken.

Am Deich würden Ihnen weiß gekalkte Plattenbausiedlungen entgegenleuchten, deren Insassen so häuslich sind, dass sie in ihren Wohnungen festgewachsen sind. Lediglich ihre Beine strecken sie hinaus, um bei Flut vorbei treibende Nahrung abzufangen. Sex gibt es nur mit dem Nachbarn. Der Jugend ist es vorbehalten, frei in die Ferne zu schweifen und neue Ufer zu erobern.

Falls Sie aber bei Ihrem Streifzug auf steinigem Grund einen Seeigel treffen, öffnen Sie schnell die kleine Glasdose und nehmen wie Alice einen Bissen von dem Kuchen ISS MICH, der Sie wieder groß zaubert. Denn ein Seeigel hat weder vorn noch hinten, schaut nicht nach rechts und links und walzt platt, was ihm in die Quere kommt. Statt Bein- und Fußknochen stützen ihn Wasserschläuche, von denen zahlreiche Füßchen abzweigen. Vom Wasserdruck getragen

Algenbüschel, Muscheln und vieles mehr spülen die Wellen an den Strand.

Bernstein steht ganz oben auf der Hitliste von Strandwanderern und Sachensuchern.

wandert der Seeigel umher und raspelt mit seinem muskulösen Kauapparat den nahrhaften Algenbelag vom Boden ab.

Haben Sie noch einen Schluck von dem Zaubertrank aufbewahrt und wühlen gern im Sand? Dann machen Sie sich doch noch einmal klein und begeben sich unter Tage. Kopflos, aufrecht und sehr beschäftigt stecken da die Muscheln, die Sie sonst nur als leere Schalenklappen am Strand oder als gefüllte Schalenklappen in der Paella finden. Mit nach oben gestreckten Schnorcheln saugen sie Wasser ein und stoßen es wieder aus. Millionen Wimpern strudeln das Wasser durch gigantische Kiemen, Nahrungsbröckchen werden abgefangen und auf Förderbändern zur Mundöffnung verfrachtet.

Im Sand finden Sie auch echte Stammesgenossen von uns Menschen: Durchsichtige, fischähnliche Geschöpfe ohne Kopf, die mit zahlreichen Kiemenspalten im Darm Schwebeteilchen aus dem Wasser filtern. Man mag es kaum glauben: Diese „Schädellosen“ sind nahe Verwandte der Wirbeltiere. Ihr Stützstab ist der Vorläufer unserer Wirbelsäule.

Lust auf mehr? Stöbern Sie durch die folgenden Seiten und entdecken Sie das Wunderland der Wasserwesen. Und wenn Sie beim nächsten Strandspaziergang eine Muschelschale, eine Krebsschere oder ein Schneckenhaus finden, kennen Sie viele Geschichten und Geheimnisse, die darin verborgen sind.

Schwamm drüber

Sie sind saugfähig, sanft und voller Schaum. Sie streicheln unsere Haut im Wellness-Wannenbad. Doch Schwämme können noch mehr: Sie sind wahre Regenerationskünstler, haben Sex, um fit zu bleiben, und bringen Spitzenleistungen als Wasserfilter. Mediziner fahnden in ihnen nach neuen Wunderwaffen gegen Krankheiten. Kaum zu glauben, was in den schrumpeligen Brocken so alles steckt.

Der Badeschwamm beweist: Erst vollgesogen mit Wasser sind Schwämme funktionsfähig. Beim Utensil im Badezimmer ist es allerdings nur noch das biegsame Skelett, das Wasser bis zum dreißigfachen seines Gewichts aufsaugt, reißfest und weich zugleich ist und schäumendes Badegel so überaus angenehm auf der Haut verteilt.

In ihrem wahren Element sind die Schwämme nicht im Wannenbad, sondern am Meeresgrund. Dort zeigt der Schwamm, was in ihm steckt. Tausende von spezialisierten Zellen strudeln unermüdlich Wasser durch den Schwamm und filtern kleine Schwebeteilchen heraus. Zusammen eine höchst effiziente Filterpumpe: Ein Badeschwamm von der Größe eines Seifenstücks pumpt pro Tag genug Wasser durch seinen Körper, um eine Badewanne damit zu füllen.

Streicheleinheiten für Körper und Seele: der Badeschwamm im Einsatz.

Losgerissene Stücke vom Brotschwamm vertrocknen am Strand und fühlen sich krümelig an wie altes Brot.

Den Badeschwamm finden Strandwanderer an heimischen Küsten allerdings nicht. Der siedelt im Mittelmeer. Dafür liegen zwischen Seetang und alten Fischernetzen abgerissene Teile von seinem unscheinbaren Verwandten: dem Brotschwamm. Wer ein Stück davon abbricht, erfährt woher der Name stammt: Die Beschaffenheit der krümeligen Stücke erinnert an Brot. Reinbeißen? Auf diese Idee kommt wohl keiner, der so einen schmuddeligen Brocken am Strand findet. Von grau, grün, gelb bis rot und braun reicht seine Farbpalette, manche Stücke sind so groß wie ein halbes Brötchen, andere wie ein ganzes Brot.

Eine selbstlose Gemeinschaft

Unter Wasser ist der Brotschwamm keineswegs krümelig, sondern lebendig, fest und zäh. Mancherorts sitzen die Schwämme dicht an dicht. So dicht, dass die Grenze zwischen den Nachbarn ganz schwammig wird. Sie geben ihre Identität auf zugunsten eines großen „Über-Schwamms", der als dicke Kruste Steine und Felsen überzieht. „Fremd"

Der Brotschwamm in seinem Element: Am Meeresboden überzieht er Steine, Algen und andere feste Unterlagen.

und „selbst" sind im Bauplan der Schwämme noch nicht strikt getrennt. Sie haben keine echten Gewebe wie unser Körper, der sich heftig wehrt, wenn ihm fremde Haut oder Organe eingepflanzt werden. Ein Schwamm ist eine eher lockere Gemeinschaft von Zellen, die sich zwar die Arbeit teilen, aber keinen unverrückbar festen Platz einnehmen. Bei so wenig Privatsphäre lässt sich nicht einmal der Tod eines Einzelnen feststellen. Wenn ein einzelner Brotschwamm schwächelt, bedeutet das für die Schwammkolonie lediglich, dass irgendwo ein paar Zellen absterben, während an anderer Stelle neue wachsen.

Presst man einen Schwamm durch ein Sieb, sodass sich die Zellen voneinander lösen, fügen sie sich anschließend zu kleinen neuen Schwämmen zusammen. Und die sehen genauso aus wie es sich für die betreffende Art gehört. Mixt man jedoch die Zellen von zwei verschiedenen Schwamm-

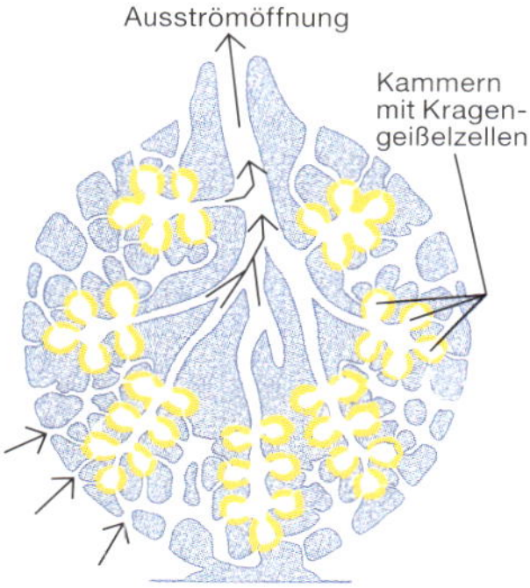

Schematischer Schnitt durch einen Schwamm. Durch viele kleine Poren strömt das Wasser in den Schwammkörper und durch die größere, emporragende Öffnung wieder hinaus (siehe Pfeile).

arten, so gruppieren sich jeweils nur die Zellen einer Art zusammen. An der Artgrenze hört die Gleichmacherei auf!

Für eine effiziente Arbeitsteilung sorgen bei den Schwämmen verschiedene Arten von Zellen, die für ihre jeweiligen Aufgaben speziell ausgebildet sind: Flache Zellen, die wie Platten aneinander liegen, grenzen den Schwammkörper nach außen ab. Sie sind aber nicht fest miteinander verknüpft, sondern können sich je nach Bedarf voneinander lösen und neu binden. Das Schwamminnere durchzieht ein Gewirr von Kanälen, durch die Meerwasser fließt. Dort sitzen unzählige Kragengeißelzellen und filtern das Wasser glasklar. Ihr Name ist Programm: Jede Zelle trägt einen Kragen aus kleinen Wimpern, der als Reuse fungiert. In seiner Mitte sitzt eine Geißel, schwingt durch das Wasser und erzeugt Strömung. Winzige Algen und andere Schwebeteilchen bleiben an der Reuse hängen. Andere Schwammzellen umfließen die Schwebeteilchen und verpacken sie in winzigen Beuteln. Darin werden die Nahrungsbrocken verdaut. Wanderzellen, die sich wie Amöben fließend durch den Schwamm bewegen, versorgen die übrigen Schwammzellen mit solchen Lunchpaketen. Unverdauliche Reste werden ebenfalls in einen Beutel gepackt und ausgestoßen. Das praktische Beutelprinzip haben die Schwammzellen von ihren einzelligen Vorfahren, den Pantoffeltierchen, Amöben und Co. übernommen.

Schwebende Lunchpakete

Schwämme strudeln es mit ihren Kragengeißelzellen ein und auch kleine Krebse, Muscheln und unzählige andere Meerestiere zapfen daraus Energie zum Leben: Plankton, das „Umhertreibende", winzige Algen und andere Schwebewesen. Größere Tiere zählen ebenfalls zum Plankton, sofern sie stärker von der Strömung als vom eigenen Antrieb bewegt werden. Doch die Nahrungsbasis bildet das pflanzliche Plankton. Mit bloßem Auge sieht man es nicht. Nur die grünliche Farbe des Küstenwassers verrät, dass darin Milliarden von mikroskopisch kleinen Algenzellen treiben. Wie alle Pflanzen nutzen sie die Energie des Sonnenlichts, um Zucker und andere energiereiche Kohlehydrate aufzubauen. Grünes Wasser bedeutet daher einen reichgedeckten Tisch für Schwämme und Co., während azurblau die „Wüstenfarbe" des Meeres ist.

Wie Bäume, Blumen und das Getreide auf den Äckern folgt auch das Plankton im Wasser dem Wechsel der vier Jahreszeiten. Im Frühjahr fangen die Planktonalgen in Nord-

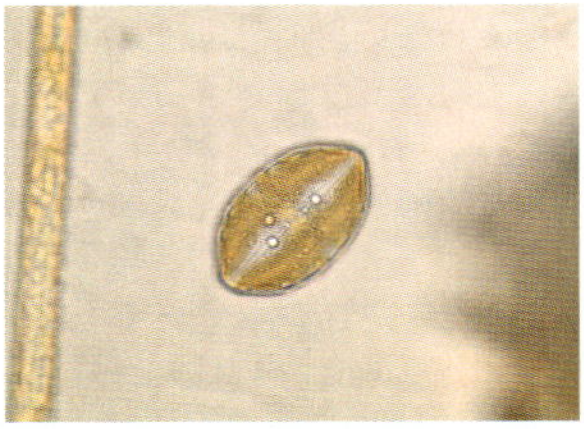
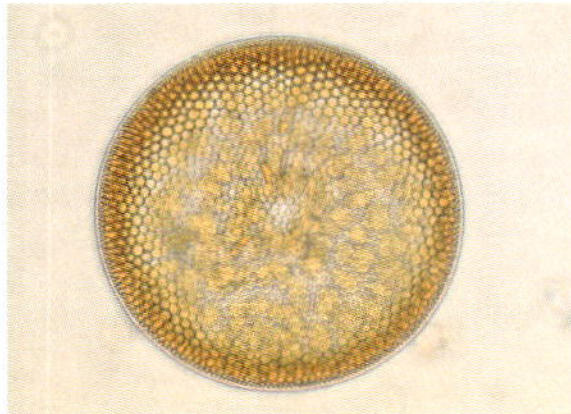
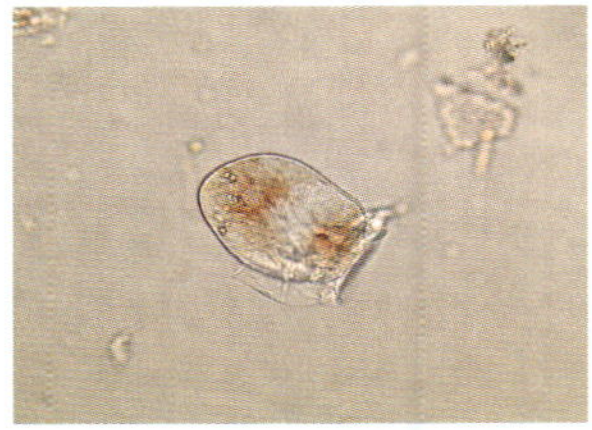
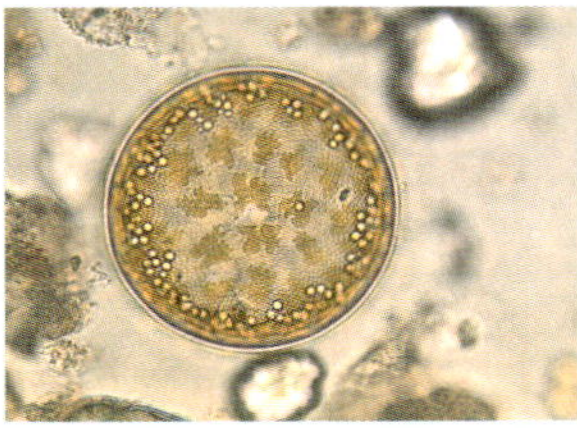
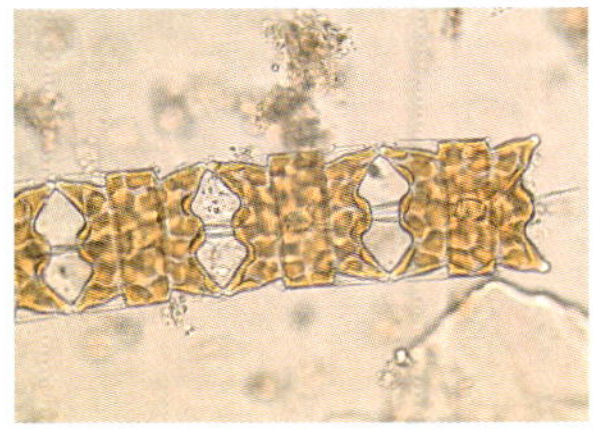

Kleinkunst: Unter dem Mikroskop offenbart sich die Formenvielfalt der Planktonalgen.

und Ostsee an, sich rasant zu vermehren. Auslöser für diesen Wachstumsschub, der mancherorts wahre „Algenblüten" hervorbringt, ist die steigende Sonneneinstrahlung.

Gebremst wird das Algenwachstum erst dann, wenn „der Acker ausgelaugt ist", also die im Wasser gelösten Pflanzennährstoffe verbraucht sind. Für Nachschub sorgen Mikroorganismen und Meerestiere, die mit ihren Ausscheidungen das Wasser düngen. Im Herbst wird das Sonnenlicht allmählich zur Mangelware und hält das Plankton bis zum erneuten „Frühlingserwachen" in Schach.

Ein weiterer Typ von Zellen baut die Skelettnadeln des Schwammes. Die sitzen in einer dicken, weichen Masse zwischen der Außenwand und der inneren Schicht aus filtrierenden Zellen. Die Mittelschicht enthält – ebenso wie das Bindegewebe unserer Haut – Kollagen, also Fasern aus Eiweißmolekülen, die in den Körpern aller Tiere zu finden sind. Kollagen macht Körper überhaupt erst möglich. Es hält die Zellen zusammen und jede an ihrem Platz. Zusätzlich hilft ein stützendes Skelett dem Schwamm dabei, seine Form zu wahren. Denn das ein- und ausströmende Wasser würde ihn andernfalls arg verbeulen. Einige Schwämme bilden Skelettnadeln aus Kalk, andere tragen harte „Glasnadeln" aus Kieselsäure. Der Badeschwamm hat freundlicherweise ein biegsames Skelett aus Eiweißfasern.

Praktischerweise verfügt der Schwamm zusätzlich über ein Reservoir an Stammzellen, die sich je nach Bedarf in den

gewünschten Zelltyp verwandeln können. Aber auch bereits spezialisierte Zellen bleiben Verwandlungskünstler und können in verschiedene Rollen schlüpfen. Damit hat der Schwamm, was die moderne Medizin gerne hätte: universelle Zellen, aus denen schnell und problemlos Ersatz gezüchtet werden kann.

Sex spielt auch im Leben der Schwämme eine wichtige Rolle. Zwar können Schwämme ähnlich wie Pflanzen Sprosse und Ableger bilden, aber nur die geschlechtliche Vermehrung durchmischt die Erbanlagen immer wieder neu und hält die Art fit für den Kampf ums Dasein. Die Spermien der Schwämme entwickeln sich aus Kragengeißelzellen – hierbei wird die Geißel zum Schwimmantrieb. Die Eier entstehen aus Stammzellen. Der Liebesakt ist allerdings wenig romantisch. Ein Schwamm schwemmt seine Spermien aus, ein anderer strudelt sie ein. Ein Spermium befruchtet das Ei. Es entsteht eine kleine Zellkugel mit Wimpern, die eifrig schlagen und die Schwammlarve durch das Wasser treiben. Hauptsächlich bestimmen allerdings die Meeresströmungen Schicksal und Standort der neuen Schwammgeneration.

Ohne Wasser läuft nichts

Mehr bedarf es nicht, um Schwamm zu sein: einige spezialisierte Zelltypen, drei Körperschichten und ein ausgeklügeltes Kanalsystem. Damit besiedeln Schwämme sehr erfolgreich und seit 570 Millionen Jahren ganz unterschiedliche Lebensräume. Die einzige Einschränkung: Ohne Wasser läuft nichts. Wasser durchströmt den Schwammkörper permanent, trägt Sauerstoff zum Atmen und Nahrung herbei, spült Abfälle fort und bringt den Samen zum Ei. Die schlagenden Kragengeißelzellen sind für die Schwämme so wichtig wie ein schlagendes Herz für uns. Auf Atmungsorgane und Darmsystem verzichten die Schwämme – ebenso auf andere Organe. Alle lebensnotwendigen Funktionen erfüllen die verschiedenen spezialisierten Zellen. Sie teilen sich die Arbeit und organisieren gemeinsam das Schwamm-Sein.

Muskeln und Nervensystem fehlen den Schwämmen ebenfalls. Dennoch reagieren sie auf Reize, ziehen sich zusammen, wenn es hell, heiß oder kalt wird; schließen ihre

Loch an Loch: Diese Austernschale hat der Bohrschwamm zerfressen.

Farbenfroh und vielgestaltig präsentieren sich die Schwämme am Meeresgrund.

Poren, um schädliche Stoffe fernzuhalten. Junge Schwämme kriechen zum Licht hin oder davon weg. Allerdings ist das sprichwörtliche Schneckentempo im Vergleich zum Schwammtempo geradezu rasant …

Mobilität ist also nicht gerade die Stärke der Schwämme. Der Brotschwamm sucht sich festen Halt auf steinigem Grund oder auf den Wurzelkrallen großer Algen. Ganz anders der Korkschwamm: Der sitzt am liebsten auf einem Schneckenhaus, das von einem Einsiedlerkrebs bewohnt wird. Er lässt sich von seinem mobilen Vermieter umhertragen und vermeidet so, von Sand oder Schwebstoffen verschüttet zu werden. Eigenen Unterschlupf schafft sich der Bohrschwamm. Er bahnt sich seinen Weg durch Kalkgestein, Muschel- und Schneckenschalen. Sein Bohrmeißel ist Säure, die den Kalk löst. Andere Schwämme bauen nicht ab, sondern auf: Vor etwa 400 Millionen Jahren schufen Kalkschwämme gigantische Riffe, so groß wie die Chinesische Mauer.

Glaskunst

Der schönste aller Schwämme ist das Venuskörbchen, das zu den Glasschwämmen gehört. Seine Kieselnadeln bilden wahre Kunstformen der Natur. Dieser Schatz lebt verborgen in der nachtschwarzen Tiefsee und verführt sogar Naturwissenschaftler zu fast schon poetischen Betrachtungen: „... Wie beinahe alle Glasschwämme ist er mit einem Schopf feinster biegsamer Nadeln im Meeresboden verankert. Füllhornartig erhebt sich der schlanke Körper, lange rechtwinklig aufeinanderstehende Nadelzüge, die wie feine Filigranarbeit aussehen, bilden dabei ein weißes Gitterskelett. In dieses luftige, wasserdurchspülte Bauwerk ist wolkenartig das Schwammgewebe eingehängt, zart und weitmaschig, selten dicker als zwei bis drei Millimeter ..." (Grzimeks Tierleben). Nüchtern betrachtet bildet dieser Schwamm einen bauchigen Innenraum mit weiter Ausstromöffnung, die mit einem Gitter aus Kiesenadeln abgedeckt ist. Darin findet sich häufig eine Garnele, meistens sogar zwei. Dieses Pärchen gilt in Japan als Sinnbild ehelicher Treue. Man schenkt die Venuskörbchen daher jungen Hochzeitspaaren. Eigentlich ist der Palast aus gesponnenem Glas jedoch ein Gefängnis für die Krebschen, die in ihrer Jugend dort Schutz gesucht haben und dann zu groß geworden sind, um durch die Tür zu passen.

Doch das Venuskörbchen ist nicht nur schön, sondern verfügt auch über modernste Glasfasertechnologie: Die Glasnadeln, mit denen es sich im Boden verankert, sind stabiler und belastbarer als die in der Telekommunikation verwendeten Glasfaserkabel – und haben die gleichen optischen Eigenschaften. Von den Schwämmen können Forscher daher lernen, wie sich die Kabel stabilisieren und Risse vermeiden lassen.

Wie nützlich die Schwämme sind, haben auch die Pharmakologen entdeckt: Schwämme schützen sich vor Feinden und unerwünschtem Bewuchs durch verschiedene Giftstoffe. Substanzen, aus denen neue Arzneien gewonnen werden können. Zwei Eigenschaften machen sie so viel versprechend: Sie sind wasserlöslich und stark wirksam. Das müssen sie sein, denn im Meerwasser werden sie sofort verdünnt. Beide Eigenschaften schätzen die Pharmakologen auch bei Arzneimitteln. Der menschliche Körper vermag wasserlösliche Medikamente besser aufzunehmen und ein stark wirkendes Mittel können Ärzte niedriger dosieren. Der Körper wird mit Abbau und Ausscheidung weniger belastet.

So helfen uns die Schwämme in vielerlei Hinsicht. Grund genug also, ihnen mehr Respekt entgegen zu bringen, als dem Waschlappen-Ersatz im Badezimmer üblicherweise zukommt.

Qualle auf Sand

Qualle auf Sand ist eine traurige Angelegenheit. Ein Rest Wackelpudding, der langsam in der Sonne vertrocknet. Im Wasser aber schweben sie grazil dahin, umflort von wallenden Rüschen und Bändern. Sie vermehren sich scheibchenweise und bewaffnen sich mit tödlichen Harpunen. Ihre Verwandten vom Stamm der Nesseltiere segeln als stolze Schlachtschiffe über den Ozean oder bauen Millimeter für Millimeter ganze Inseln auf. Ein Wackelpudding, der es in sich hat!

Fast jeder Küstenurlauber hat schon mal eine stranden sehen: Ihr Körper ist durchsichtig, weich wie Gelee und gleicht einem umgestülpten Suppenteller, der mit vier Kringeln verziert ist. Die sehen ein bisschen aus wie Ohren, daher der Name: Ohrenqualle. In Wirklichkeit reifen in diesen „Ohren" Eier und Samenzellen heran. Der Quallenkörper macht zwar am Strand keine gute Figur, im Wasser aber entpuppt sich Wackelpudding als idealer Baustoff. Er besteht fast nur aus Wasser. Folglich schweben Quallen wie schwerelos dahin, während wir uns ganz schön abstrampeln müssen, um nicht unterzugehen. Außerdem gibt Kollagen, der „Universalkitt" im Tierreich, auch dem Quallenkörper seine Form und macht ihn widerstandsfähig und reißfest.

Wer schon einmal in einem der großen Meeresaquarien Quallen beobachtet hat, weiß, warum der Zoologe Ernst

Gestrandet: Quallen, d e von den Wellen ans Ufer geworfen werden, vertrocknen langsam in der Sonne.

Die Ohrenqualle hat einen durchsichtigen Schirm mit vier ohrenförmigen Geschlechtsorganen.

Haeckel ihnen faszinierende Portraits in seinen „Kunstformen der Natur" widmete und sie zu Ikonen des Jugendstils machte. Ihr Körper wirkt zart, fast durchsichtig, mit farbigen Ornamenten, Bändern und Rüschen geschmückt. Sanft pulsierend, fast meditativ, gleiten sie dahin. Rhythmisch ziehen sie ihren Schirm zusammen, pressen Wasser aus der Schirmhöhle heraus und lassen sich vom Rückstoß vorantreiben. Mehr noch als auf eigenen Antrieb setzen Quallen allerdings auf ein energiesparendes Transportmittel: die Meeresströmungen. Sie driften durchs Wasser und fischen Plankton, das an ihren Mundarmen hängenbleibt. Mundarme ...? Quallen haben ihren ganz eigenen Bauplan: einen Hohlraum unter dem Schirmdach als Magen mit einer einzigen Öffnung als Mund und After. Und eben Mundarme. Die hängen wie Rüschenbänder unter dem Schirm, fangen kleine Schwebewesen aus dem Wasser und befördern sie in den Mund. Barocke Ausmaße haben die Mundarme bei der Kompassqualle: Das zartweiße, mit dem Muster einer filig-

Schwebende Schönheit: eine Kompassqualle mit langen Mundarmen.

ranen Kompassrose gezeichnete Tier zieht sie wie eine lange Schleppe hinter sich her. Den Schirmrand säumen zahlreiche Tentakel. Auch sie fangen Beute – kleine Krebschen, aber auch große Fische.

Mord ohne Motiv

Die im ganzen Tierreich einmalige Fangtechnik mancher Quallen inspirierte Arthur Conan Doyle zu einer Detektivgeschichte mit ungewöhnlicher Mordwaffe:

Eigentlich wollte Sherlock Holmes nur ein paar geruhsame Tage in seinem Landhaus in Sussex verbringen. Aber daraus wurde nichts. Bei einem Spaziergang am Ufer des Ärmelkanals erblickte er einen jungen Mann auf den Klippen:

„Er wankte wie ein Betrunkener, dann warf er seine Hände in die Luft und fiel mit einem furchtbaren Schrei auf sein

Gesicht. Sein Rücken war mit dunkelroten Striemen bedeckt, als hätte man ihn auf gräßliche Weise mit einer Drahtpeitsche gezüchtigt. Offensichtlich war es ein biegsames Folterinstrument gewesen, denn die langen entzündeten Striemen bogen sich um Schultern und Rippen." (aus: „Die Löwenmähne")

Als genialer Detektiv erkannte Sherlock Holmes sehr bald, dass der junge Mann seinen Tod in der Verstrickung mit den giftstrotzenden Fangfäden einer riesigen gelben Feuerqualle gefunden hatte, die auch Löwenmähne heißt, da ihre langen und lohfarbenen Tentakel an die Mähne eines Löwen erinnern.

Die Gestalt der Feuerqualle ähnelt einem aufgespannten Regenschirm, von dessen Rand zahlreiche lange Tentakel herabhängen. Exemplare, die tatsächlich den Durchmesser

Schwer bewaffnet: Die Feuerqualle verfügt über zahlreiche mit Nesselkapseln bestückte Fangfäden.

eines Regenschirms erreichen, sind in der Nordsee allerdings eine Ausnahme. Derartige Riesen sind in arktischen Gewässern heimisch und werden nur selten durch Sturmfluten an unsere Küsten gespült. Wer dann allerdings in den Bereich des mehrere Quadratmeter umspannenden Netzes aus Fangfäden gerät, den kann diese Begegnung das Leben kosten.

Aber auch die kleineren, in Nord- und Ostsee vorkommenden Feuerquallen können beim Menschen starke Hautrötungen, Muskelkrämpfe oder sogar fiebrige Erkrankungen hervorrufen. Ursache dafür ist das Nesselgift, das in zahlreichen, an den Tentakeln sitzenden Kapseln gespeichert ist. Dies sind, ganz im Gegensatz zu dem eher einfach gebauten Tier, sehr komplizierte Gebilde. Eine Nesselkapsel ist eine doppelwandige Kugel mit einem aufklappbaren Deckel. In ihrem Inneren befinden sich das Nesselgift sowie ein eingestülpter Schlauch, der wie ein Schiffstau aufgerollt daliegt. Oben auf der Kapsel sitzt eine feine Sinnesborste, die ein Signal weitergibt, wenn sie durch einen vorbeischwimmenden Fisch zur Seite abgeknickt wird. Dann klappt der Deckel auf, der eingerollte Schlauch stülpt sich blitzschnell aus und durchschlägt mit einem Stilett an seiner Spitze die Haut der Beute. Das Nesselgift dringt durch den Schlauch in den Körper des Tieres ein und lähmt es augenblicklich.

Durchschlagender Erfolg

Tausende von Nesselkapseln explodieren, wenn ein Fisch in die Tentakel einer vorbeitreibenden Feuerqualle gerät, und das Opfer verstrickt sich darin wie in einem riesigen Spinnennetz. Die Tentakel verkürzen sich und befördern die Beute in den Magenhohlraum, wo sie durch ausfließende Verdauungssäfte langsam zersetzt wird.

Nesselkapseln gehören zu den Nesseltieren – den Quallen, Korallen und Co. – wie der Stachel zum Skorpion. Allerdings treten sie bei einigen Arten kaum in Erscheinung, während andere schwer bewaffnet sind. Daher ist die Begegnung mit einer Ohrenqualle zwar unangenehm glibberig, nicht jedoch schmerzhaft. Besonders gefürchtet dagegen sind die Würfelquallen tropischer Meere. Sie sind schnell, gewandt und gefährlich. Eine Begegnung mit der australischen Seewespe beispielsweise verursacht Blasen

Schematischer Schnitt durch eine Qualle. Zwischen zwei Gewebeschichten liegt die dicke geleeartige Masse, die den Quallenkörper in Schwebe hält. In den Magenhohlraum passen auch große Nahrungsbrocken.

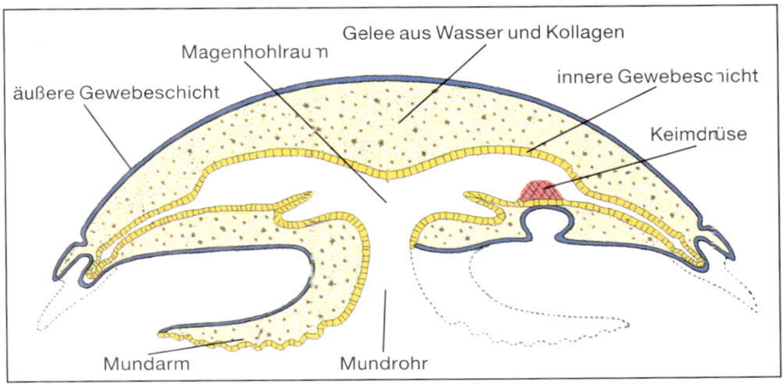

und Schwellungen, führt zu Krämpfen oder Schwächezuständen, schlimmstenfalls sogar zum Tod.

Um große Fische zu erbeuten, brauchen Seewespen und Feuerquallen ihre scharfen Waffen. Um die sperrige Beute zu verschlingen einen großen Magen. Und den haben sie auch, denn die Quallen haben das „Beutelprinzip" der Schwämme weiterentwickelt. Die Innovation: Alle Zellen teilen sich einen großen Beutel – den Magenhohlraum unter dem Schirmdach. Der fasst auch große Brocken, während ein Schwamm nur winzige Nahrungshäppchen in winzigen Beuteln innerhalb der Zellen verstauen kann.

Große Beute außerhalb der Zellen verdauen – diese Erfindung verdanken die Quallen dem festen Zusammenschluss ihrer Zellen zu echten Geweben, zu Trennwänden zwischen Innenleben und Außenwelt. Eine innere Gewebeschicht umschließt den Magenhohlraum der Quallen, der nur durch die Mundöffnung mit dem Meerwasser verbunden ist. Verdauungssäfte zersetzen die Nahrungsbrocken. Anschließend schlürfen die Zellen die nahrhafte Suppe auf. Eine äußere Gewebeschicht bildet das Schirmdach und grenzt den Quallenkörper wie eine Haut vom umgebenden Wasser ab. Zwischen beiden Gewebeschichten ist eine dicke, geleeartige Masse aus Wasser und Kollagen eingebettet. Sie hält die Qualle in der Schwebe und fungiert als elastisches Skelett. Die englische Bezeichnung „jellyfish" unterstreicht die Bedeutung dieses „Gelees" für die Qualle.

Damit die Quallen ihren Schirm aufspannen und zuklappen können, arbeiten die Gewebezellen zugleich als Muskeln. Sie enthalten – ähnlich wie unsere Muskeln – dünne Eiweißfäden, die sich zusammenziehen können. In koordinierter Aktion bewegen sie die Qualle durchs Wasser. Dabei orientiert sich diese mit einfachen Sinnen: Hell und dunkel unterscheiden lichtempfindliche Zellen, oben und unten die Gleichgewichtsorgane am Schirmrand. Ein Netz von Nervenzellen steuert ihre Reaktion auf Umweltreize.

Nerven, Haut und Muskeln funktionieren, weil alle Zellen in einem Gewebe koordiniert zusammenarbeiten – Teamwork ermöglicht die Entwicklung der vielzelligen Lebewesen.

Medusa und die Liebe

Um sich vollständig und endgültig von der Vorstellung eines tumben Wackelpuddings zu lösen, lohnt ein Blick in das Liebesleben der Quallen. Sie praktizieren einen Wechsel zwischen zwei – auf den ersten Blick grundverschiedenen – Generationen, die jedoch nach dem gleichen, pfiffig einfachen Plan gebaut sind. Die tellergroßen Schirme, die mit wehenden Tentakeln durchs Wasser ziehen, sind die Medusen. Benannt nach Medusa, einem Fabelwesen mit Schlangenhaaren aus der griechischen Sagenwelt. An der Wand ihres Magenhohlraums liegen die Keimdrüsen. Meist kräftig gefärbt schimmern sie durch den transparenten Schirm – wie die „Ohren“ der Ohrenquallen. Die Liebe geht bei ihnen daher buchstäblich durch den Magen: Die Quallenmänner scheiden Spermien in langen Schleimfäden aus, vorbeischwimmende Quallenfrauen schlürfen die Fäden auf. Die

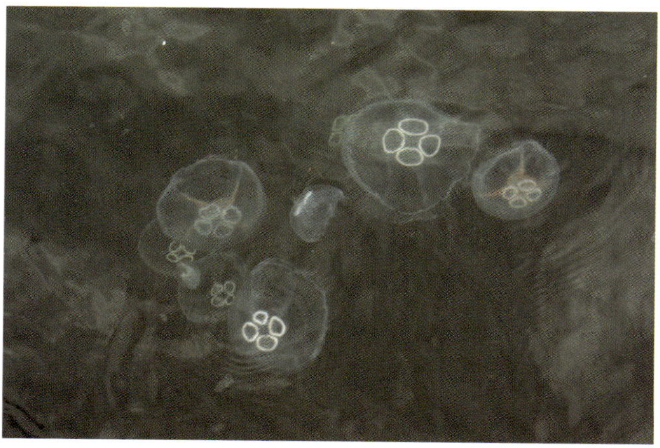

Treiben im Meer: die Medusen der Ohrenqualle.

Die Polypen der Ohrenqualle siedeln am Meeresgrund. Scheibchenweise entstehen aus ihnen neue Medusen.

Eier werden befruchtet und entwickeln sich zu kleinen Larven.

Nach dem Schlüpfen setzen sich die Larven am Meeresboden oder an Algen fest und gründen die zweite Generation: die Polypen. Die sehen aus wie Bonsai-Bäumchen im Millimeter-Maßstab. Auf den ersten Blick hat der festsitzende Polyp daher nicht viel mit der freischwimmenden Meduse gemeinsam. Aber lassen Sie eine Meduse Schirm voran zu Boden sinken und denken sich das ganze voluminöse Gelee weg – voilà: ein Polyp! Statt Schirm hat er einen Haftfuß und einen Stiel, in dem der Magenhohlraum liegt. Darüber sitzt sein Mund, der von Fangtentakeln umkränzt ist. Mit ihnen erbeutet der Polyp Plankton und befördert es in den Magen.

Um sich zu vermehren, macht der Polyp eine drastische Gestaltumwandlung durch. Nahe der Mundscheibe schnürt sich der Körper tief ein und formt eine Scheibe; darunter noch eine und noch eine … Bis zu 30 solcher Scheiben kann ein Polyp bilden und sieht dann aus wie ein winziger Tellerstapel. Ein Scheibchen nach dem anderen löst sich ab, schwimmt als Quallenlarve davon und wächst zu einer neuen Meduse heran.

Blumenranken und mächtige Staaten

Bei einer andern Gruppe von Nesseltieren, den Hydrozoen, vermehren sich die Polypen nicht scheibchenweise, sondern sie sprießen. Ihr Körper beult sich zu Knospen aus, die neue Polypen oder Medusen bilden. Diese lösen sich ab

Zarte Zweige: Seemoos am Meeresgrund.

Recht unscheinbar sehen die Seemoosbüschel am Strand aus.

Auch heute noch wird Seemoos gefärbt und als Deko-Artikel verkauft, etwa als „echte Meereskoralle“ in der „Super-Wundermuschel“.

und schwimmen davon, oder bleiben zeitlebens mit dem Muttertier verbunden. Ein einzelner Polyp kann so eine ganze Kolonie gründen.

Aus einem knospenden Seemoospolypen beispielsweise sprießt ein zierlicher Tierstock. Seine Zweige waren als Zier„pflanze“ sehr beliebt. Ende des 19. Jahrhunderts steckten sich die Damen der Gesellschaft die kleinen räuberischen Polypen an den Hut, garnierten Lampen, Tischvasen und anderen Zierart damit. Kaum eine wusste wohl, dass der getrocknete und gefärbte Blumenschmuck in Wirklichkeit eine ganze Sippschaft von Nesseltieren darstellte …

Ein Seemoosbüschel wächst auf steinigem Meeresgrund etwa so hoch empor wie eine Tulpe im Blumenbeet. Am Ende der zahlreichen Zweige sitzen kleine Becher. Daraus strecken die Polypen ihre mit Nesselkapseln bewehrten Tentakel ins Wasser und fangen Plankton. Für die geschlechtliche Fortpflanzung sprießen an den Polypen eiförmige Kapseln, die Eier und Spermien ins Wasser entlassen.

Im Wattenmeer der Nordseeküste gab es einst ausgedehnte, dichte Seemoos-„Wiesen“ – bis die Fischer derart viele der begehrten Ersatzblumen anlandeten, dass die Bestände erloschen. Zunächst sammelten die Küstenbewohner nur Strandgut: losgerissene, auf die Watten getriebene Seemoosbüschel. Als jedoch die Preise Ende des 19. Jahrhunderts anstiegen, nutzten die Fischer auch mit Stacheldraht umwickelte Ketten, die sie vom Boot aus über den

Meeresgrund schleppten, um die Tierstöcke massenweise loszureißen. Daraufhin ging es abwärts mit den Beständen und mit den Erträgen. Ende der 1970er Jahre wurde die Fischerei endgültig eingestellt – die Ausbeute war mager und Ziermoos aus der Mode gekommen. Zu den großen „Wiesen" ist das Seemoos nie wieder herangewachsen. Dennoch finden Strandwanderer ab und zu handgroße, hellbraune Büschel im Flutsaum der Nordseeküste. Schauen Sie doch mal genau hin: Statt eines zarten Pflänzchens liegt eine ganze Tierkolonie vor Ihnen.

Verwandte der Seemoose laufen Ihnen manchmal über den Weg, wenn Sie im flachen Wattwasser spazieren gehen – getragen von einem Einsiedlerkrebs in einem Schneckenhaus, das von einer rosa Kruste überzogen ist. Die Kruste ist eine Kolonie von winzigen Stachelpolypen. Die Larven dieser Polypen setzen sich auf den Häuschen der Einsiedler fest und bilden eine feste Platte, aus der oft Tausende von Polypen sprießen. Die teilen sich die Arbeit für die Kolonie: Viele sind Fresspolypen, tragen eine Tentakelkrone und fangen Plankton. Dazwischen sitzen Geschlechtspolypen, die

Stachelpolypen haben das Wohnhaus eines Einsiedlerkrebses überzogen.

ausschließlich Medusenknospen bilden. Fadenförmige Wehrpolypen, die mit ganzen Nesselbatterien ausgerüstet sind, verteidigen die Kolonie, die zudem mit Stacheln bewehrt ist. Die Polypen, die Mund und Tentakel zurückgebildet haben, erhalten „Essen im Schlauch“: Die Fresspolypen leiten Nährstoffe durch ein Kanalsystem, das alle Einzeltiere der Kolonie verbindet, an sie weiter.

Gemeinwesen auf hoher See

Zur Perfektion getrieben werden aus den Tierkolonien echte Staaten, in denen jeder „Bürger“ seine Aufgabe zum Gelingen des Ganzen erfüllt. Solche Staatsquallen schweben im Ozean wie ein „zierlicher schlanker Blumenstock, dessen Blätter und bunte Blüten durchsichtig wie Glas sind und der sich in den zierlichsten und lebhaftesten Bewegungen durch das Wasser schlängelt ...“ (Ernst Haeckel, 1867). Große Medusen dienen ihnen als Schwimmglocken, jeweils unterschiedliche Polypen fressen oder verteidigen den Staat, kleine Medusen produzieren Eier und Samenzellen.

Die Portugiesische Galeere ist so eine Staatsqualle. Ein imposantes Schlachtschiff, das auf der Hochsee beheimatet ist. Über der Wasseroberfläche wölbt sich eine ovale gasgefüllte Blase, darunter hängt der ganze Staat: Zunächst der fast 30 Zentimeter lange Gründungspolyp, dann reihenweise Gruppen von Polypen, die auf Beutefang, Nahrungsaufnahme oder Fortpflanzung spezialisiert sind. Oft segeln

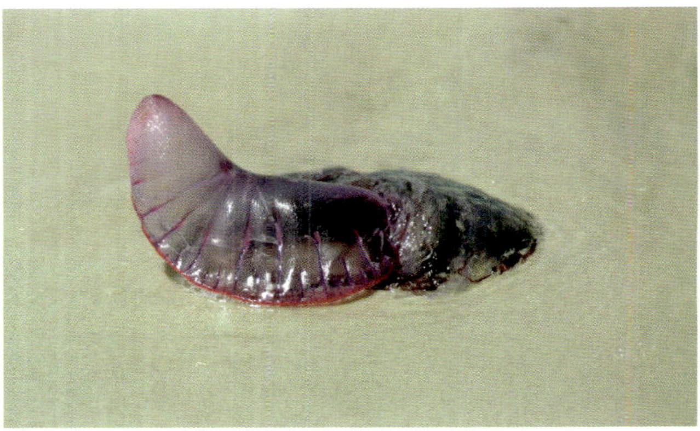

Gestrandetes Schlachtschiff: Die Portugiesische Galeere ist eine ganzer Quallenstaat, der unter einer gasgefüllten Blase hängt.

Hunderte von Portugiesischen Galeeren im Wind wie eine schwer bewaffnete Armada. Ihre Fangfäden strecken sie über zehn Meter lang aus und ihre vielen Nesselkapseln enthalten ein starkes Gift. Die sich zusammenziehenden Fangfäden hissen die gefangene Beute empor und bringen sie zum Mund eines Fresspolypen.

Der ganze Quallenstaat schimmert silbrig blau und violett – die perfekte Tarnung für ein Leben an der Ozeanoberfläche. Diese Tarnung nutzen daher auch andere Grenzgänger zwischen Luft und Wasser: die hell glänzenden Segelquallen, kleinere Verwandte der Portugiesischen Galeere; die violette Veilchenschnecke, die auf einem Schaumfloß schwimmt und bei Störung mit violetter Farbe um sich spritzt; die Nacktschnecke Glaucus, die auf ein Wohnhaus verzichtet und langgezogene Körperanhänge zum Schweben an der Wasseroberfläche nutzt. Sie alle treiben als nahezu unsichtbare Flotte über die Weiten des Weltozeans.

Klon-Krieger und Baumeister der Meere

Ganz bodenständig gibt sich eine weitere Gruppe von Nesseltieren: Sie verzichten auf die schwebende Generation der Medusen, ihre Polypen heißen Nelken, Rosen oder Anemonen: die Blumentiere.

Seenelken und andere Blumentiere machen ihrem Namen alle Ehre.

Die zu den Seeanemonen gehörenden Pferdeaktinien sitzen auf ufernahen Felsen und sehen mit ihren lebhaft grün, rot oder braun gefärbten, zylindrischen Körpern und den blütenartig ausgebreiteten Tentakelkränzen eher wie Blumen als wie Tiere aus. Doch das friedliche Bild täuscht: Sie sind äußerst wehrhaft und verteidigen ihren Sitzplatz, wenn zudringliche Artgenossen langsam auf ihrer Fußscheibe kriechend herannahen. An einer abfallenden Felskante können Sitzplätze für die Tiere durchaus Mangelware sein, denn jeder möchte einen sonnigen Platz ergattern.

Kommt ein Konkurrent an, bläst die Seeanemone kleine, mit Nesselkapseln gefüllte Säckchen an ihrer Körperwand auf. Damit betupft sie den Angreifer, und wenn der nicht schleunigst flüchtet, wird seine Haut durch das ausfließende Nesselgift erheblich beschädigt. Weil sich Seeanemonen auch durch Knospung vermehren (ähnlich wie eine Pflanze durch Ableger), sitzen die Kinder dicht beim Elterntier – und laufen Gefahr, als Konkurrenten um den Sitzplatz angesehen zu werden. Um das zu vermeiden, tragen Mutter und Kind die gleichen Signalstoffe auf ihrer Körperoberfläche, sodass die Mutter unterscheiden kann, ob ihr eigener Sprössling neben ihr sitzt, oder ein fremder Artgenosse mit anderen Signalstoffen ihr zu nahe rückt. Bekämpft wird nur der Fremde.

Das führt zu wahren „Klon-Kriegen" in dicht besiedelten Ballungsräumen am Meeresgrund: Eine Seeanemone und ihre genetisch identischen Nachkommen ziehen gegen andere Familienclans zu Felde, um ihren Grundbesitz zu verteidigen.

Kampferprobte Tiere wenden einen Trick an, um sich unbemerkt an einen anderen heranmachen zu können. Sie verringern die Dichte der Signalstoffe an ihrem Körper und werden daher von einem Artgenossen nicht so schnell erkannt. Das bietet ihnen Gelegenheit zu einem Überraschungsangriff. Sie entladen blitzschnell ihre Nesselkapseln und der völlig überrumpelte Gegner kann nur noch sein Heil in der Flucht suchen.

Gar nicht kriegerisch, sondern sehr kooperativ, zeigt sich eine andere Gruppe von Blumentieren: die Korallen. Zusammen haben sie Australiens „Great Barrier Reef" gebaut. Ein Riff, so groß, dass man es wie ein Gebirge vom Weltraum aus sehen kann. Die Millimeter großen Korallenpolypen teilen sich entzwei, um neue Mitglieder der Kolonie zu produzieren. Und bauen Riffe aus Millionen von Individuen. Die

Kriegerische Blumentiere: Pferdeaktinien wissen sich zu wehren. Bei Gefahr können sie aber auch ihren Tentakelkranz einziehen.

Korallen bilden vielgestaltige Bauwerke am Meeresgrund.

Schöner als Schmuck: lebende Edelkoralle.

leben stets oberflächlich auf den massiven Skeletten ihrer Vorfahren, die zu Kalkstein geworden sind. So wächst ein Riff über Generationen in die Höhe.

Außerdem kooperieren die Korallenpolypen mit winzigen, einzelligen Algen, die sie in ihrem Körper beherbergen. Teamwork mit diesen kleinen Sonnenkollektoren, die mit Lichtenergie Zucker aufbauen, beschert den Korallen zusätzlich Sauerstoff und Nahrung. Im Gegenzug erhalten die Algen ein sicheres Heim sowie Kohlendioxid und Stickstoffdünger.

Weniger bekannt als ihre tropischen Verwandten sind die Kaltwasserkorallen, die etwa vor der skandinavischen Küste beheimatet sind. Auch sie bilden Riffe, die heute allerdings stark gefährdet sind, da sie von den Bodenschleppnetzen der Fischindustrie beschädigt und zerstört werden.

Begehrt ist die Edelkoralle. Ihre kleinen Polypen sind weiß, die Skelette zumeist korallenrot. Die Polypenkolonie überzieht das Skelett wie die Rinde einen Baumstamm. Kein Korallenschmuck ist so anmutig und schön wie die schneeweißen, zart gefiederten Tentakel der Polypen auf dem leuchtend roten Korallenstock, der wie ein blühender Strauch am Meeresgrund prangt.

Gefräßige Früchte

„Melone schluckt Stachelbeere“, dieses ungewöhnliche Drama spielt sich jedes Jahr unzählige Male in Nord- und Ostsee ab. Täter und Opfer gehören zu den Rippenquallen, einer ganz eigenen Gruppe, die keine Nesselkapseln hat und daher auch nicht zu den Nesseltieren zählt. Seestachelbeeren sehen so ähnlich aus wie die entsprechenden Früchte, sind jedoch komplett durchsichtig. An den Strand gespült, gleichen sie glashellen glänzenden Murmeln. Im Wasser schillern sie in allen Regenbogenfarben, wenn sich das Licht an den dünnen Plättchen bricht, die in acht Längsreihen, den „Rippen“ der Qualle, angeordnet sind. Die Plättchen schlagen auf und ab und bugsieren die Seestachelbeere durchs Wasser. Aus zwei Taschen ragt je ein langer, verzweigter Tentakel hervor, der mit Klebezellen bewehrt ist. Da ihnen das lähmende Nesselgift fehlt, leimen Seestachelbeeren ihre Beute einfach fest.

„Früchte“ des Meeres: Seestachelbeeren gehören zu den Rippenquallen.

Melonenquallen hingegen haben weder Tentakel noch

Riesenfrucht: Gigantische Ausmaße erreichen Melonenquallen vor der chilenischen Küste.

Klebezellen, dafür aber einen sehr großen Mund. Den reißen sie auf, soweit es geht, und schlucken ihre Beute – zum Beispiel Seestachelbeeren. Damit der leckere Happen durch die große Öffnung nicht gleich wieder entweicht, sitzen im Schlund der Melonenqualle Haken und Drüsen, deren Gift die Beute lähmt. Der vegetarische Name täuscht also: Melonenquallen sind gefräßige Räuber, die mit Vorliebe ihre Verwandten verspeisen.

Mehr Salz bitte!

Seestachelbeeren und Ohrenquallen begegnen dem Strandurlauber in Nord- und Ostsee gleichermaßen, ebenso verschiedene andere Nordseetiere. Der Grund: Die Ostsee ist ein Einwanderungsmeer. Nach der letzten Eiszeit begann ihre Existenz als riesiger Schmelzwassersee, eingeschlossen von den Landmassen des europäischen Kontinents. Erst vor 10 000 Jahren drang Salzwasser in ihr Becken, heute ist die Ostsee eines der größten Brackwassermeere der Erde. Eine eigenständige Tier- und Pflanzenwelt hat sich in dem erdgeschichtlich jungen Meer nicht ent wickelt. Stattdessen stammen viele ihrer heutigen Bewohner aus der Nordsee und leben teils recht teils schlecht unter den salzarmen Bedingungen.

Im Westen ist die Ostsee über die engen und flachen Verbindungen zwischen den dänischen Inseln mit der Nordsee verbunden. Unter bestimmten Wetterbedingungen strömen große Schübe von salzreichem Nordseewasser ein, sodass der Salzgehalt an der schleswig-holsteinischen Ostseeküste vergleichsweise hoch ist. Richtung Osten wird das Meersalz mehr und mehr zur Mangelware, denn über 200 Flüsse versorgen die Ostsee zusätzlich mit Süßwasser.

Viele Meerestiere können daher zumindest in der westlichen Ostsee gut leben. Ohrenquallen sind sogar ausgesprochen häufig: Im Sommer bilden sie mancherorts regelrechte Schwärme – sehr zum Ärger von Badegästen und Fischern. Die Quallen dringen bis in die salzarmen Gebiete der nördlichen Ostsee vor. Auch typische Nordseefische wie Dorsch, Wittling, Scholle und Kliesche sind ins Brackwasser eingewandert. Der Hering bevölkert fast die gesamte Ostsee.

Heringsschwarm in der Ostsee.

Wat'n Wurm

In die Röhre geguckt: Der Wattwurm sitzt unten in seinem U-förmigen Bau, den er etwa spatentief in den Wattboden gräbt.

Ein Wattwurm frisst Sand und verdaut seine gesamte Umgebung. Sein Zeichen: ein Trichter und ein Kringel, wie aus der Tube gedrückt, am Wattboden. Sein Prinzip: Doppelt hält besser. Er ist der Regenwurm des Meeres: ein tüchtiger Arbeiter, unscheinbar und bodenständig. Zu seiner Sippschaft, den Ringelwürmern, zählen aber auch schillernde Figuren und mondsüchtige Schwärmer, benannt nach griechischen Göttinnen und Nymphen.

Nimm eine Plastiktüte, füll feuchten Sand hinein und schneide unten eine Ecke ab. Nun drück auf die Tüte und male kleine Kringel auf den Boden – Bastelanleitung für ein Stück Watt in der Sandkiste. Nichts ist so typisch für die Nordseewatten wie der Wattwurm und seine Sandkringel. Der Baumeister selbst lebt im Untergrund: in einem U, das er in den Wattboden gräbt. Er frisst Sand, der von oben in seine Wohnröhre rutscht, verdaut alles Nahrhafte etwa kleine Algen und stößt einen Strang aus gereinigten Sandkörnchen wieder aus. Einsturztrichter und Sandkringel sind seine Markenzeichen. Er selbst sieht aus wie ein zu fett geratener Regenwurm und versteckt sich so tief im Wattboden, dass Angler einen Spaten brauchen, um den begehrten Köder auszugraben. Kiloweise Sand schluckt ein Wurm pro Jahr. Er belüftet und lockert den Wattboden, so wie der

Einsturztrichter und Sandkringel verraten: Im Untergrund wohnt ein Wattwurm.

Regenwurm die Gartenerde. Allesamt tüchtige Arbeiter, die ihren Lebensraum gestalten.

Um seinen Darm zu entleeren, steigt der Wattwurm in seiner Röhre nach oben und produziert einen Kringel. Das ist die Stunde der Schollen, die nach seinem appetitlichen Hinterende schnappen. Der Biss kürzt den Wurm, tötet ihn aber nicht. Stattdessen wächst ihm ein neues Schwanzstück. Dabei hilft seine „Baukasten-Bauweise“: Der Wattwurm besteht aus lauter „Ringeln“, jeder einzelne davon enthält einen Bausatz von Organen. Für Ersatz ist also gesorgt, auch wenn die Scholle kräftig zubeißt – Vorsorge nach dem Prinzip „doppelt hält besser“.

Eine solche Kette aus lauter gleichartigen Gliedern ist das typische Outfit der Ringelwürmer, einer Gruppe, zu der sowohl Watt- als auch Regenwurm gehören. Diese Würmer sind uns ähnlicher, als es auf den ersten Blick scheint. Sie haben, anders als Schwämme und Quallen, einen Kopf und zwei Seiten. Sie sind bilateralsymmetrisch gebaut – genau wie wir. Denken Sie sich einen Schnitt, der Sie von Kopf bis Fuß in zwei Hälften teilt. Rechte und linke Körperhälfte sind symmetrisch zu diesem Schnitt, das heißt bilateralsymmetrisch. Abgesehen von einigen Organen wie dem Herzen, das sich bekanntlich schwer teilen lässt.

Vorn am Wurm sitzt der Kopf. Kopf ...? Das ist eine Anhäufung von Sinnesorganen, begleitet von vielen Nervenzellen. Bei uns führt das zu Augen, Ohren, Nase, Mund und einem großen Gehirn. Beim Wurm ist die Ausstattung anders, aber auch er kann sehen, schmecken, fühlen, oben und unten unterscheiden. Auch bei ihm konzentrieren sich Nervenzellen zu einem Gehirn.

Im Unterschied zu den zweischichtigen Quallen haben Ringelwürmer drei Gewebeschichten. Klingt unspektakulär, macht aber viele Innovationen erst möglich, die der Wurm mit uns teilt. Die drei Gewebe sind schon im Embryo als Keimblätter angelegt: Das äußere Blatt bildet Haut und Nervenzellen, das innere Blatt formt unter anderem die Darmwand. Das mittlere Blatt ist ein echter Trumpf im Ärmel der Evolution: Es bildet vielfältige innere Organe – Blutgefäße, Muskeln, Nieren, Hoden, Eierstöcke und ein inneres Skelett: das unsrige aus Knochen und Knorpel, das der Ringelwürmer aus mit Flüssigkeit gefüllten Hohlräumen, ein „Hydroskelett“.

Auch Ringelwürmer haben Köpfe.

Wie funktioniert ein Wurm?

Organe sind praktisch, wenn man größer und schneller sein will. Organe bilden heißt, den Körper in verschiedene funktionelle Einheiten aufteilen, die ihre jeweilige Aufgabe perfekt erledigen. Winzig kleine Tiere brauchen das nicht – ihnen reichen spezialisierte Zellen. Auch langsame und eher passive Tiere wie dahintreibende Quallen kommen fast ohne Organe aus. Sie orten ihre Beute nicht mit hochentwickelten Sinnen, sprinten ihr nicht hinterher, verzichten auf dicke Muskelpakete und schnelle Sauerstoff- und Energiezufuhr für hohe Leistungen. Aber die Ringelwürmer haben sich ebenso wie wir Menschen verschiedene Organsysteme zugelegt, die ihnen Leben und Überleben im Kampf ums Dasein sichern.

Den Quallen reichen ein Hohlraum und eine Öffnung, um Nahrung aufzunehmen, zu verarbeiten, zu verteilen und Unverdauliches wieder abzugeben. Beim Ringelwurm hingegen sitzt vorne ein Mund und hinten ein After. Dazwischen liegt ein langgestrecktes Darmrohr. Wie am Fließband wird hier die Nahrung allmählich von Verdauungsenzymen zerlegt. Das Darmgewebe nimmt die so gewonnenen Nährstoffe auf und gibt sie weiter an das Blutgefäßsystem. Blut ist beim Ringelwurm genau wie bei uns ein wichtiger Transporteur. Es liefert Nährstoffe und Sauerstoff an die Körperzellen und nimmt den Abfall des Zellstoffwechsels wieder mit. Besonders Organe, die viel arbeiten müssen, wie Muskeln oder das Gehirn, sind auf die schnelle Versorgung über den Blutstrom angewiesen.

Den Sauerstoff bezieht das Blut von Atmungsorganen. Beim Wattwurm sind dies Kiemen: dünnhäutige Ausstülpungen der Körperoberfläche, an denen Gas zwischen Wurm und Wasser ausgetauscht wird. Wie kleine rote Büschel sitzen sie an den mittleren Ringeln des Wattwurms, der sich in seiner Wohnröhre abwechselnd streckt und staucht, um frisches, sauerstoffreiches Wasser herbeizupumpen. Extraschutz brauchen die zarten Kiemenbüschel

Schematischer Schnitt durch einen Ringelwurm. Vorne befindet sich der Kopf, der Körper ist aus gleichartigen Segmenten aufgebaut, am Hinterende mündet der After.

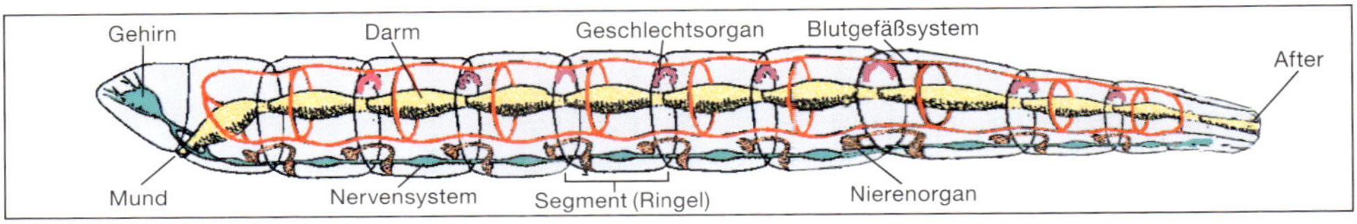

in der unterirdischen Behausung des Wurms nicht. Fische hingegen schützen ihre Kiemenblättchen mit festen Deckeln vor vorbeischwimmenden hungrigen Mäulern.

Um Luft zu atmen, taugen Kiemen nicht: Sie trocknen aus und fallen in sich zusammen. Organe zur Luftatmung wie unsere Lunge sind daher in den Körper eingestülpt: als Hohlräume, an deren dünnen Wänden die Atemgase zwischen Luft und Blut ausgetauscht werden. Auch durch die Haut dringt Sauerstoff ein – den Quallen und vielen besonders kleinen Tieren reicht dies schon zum Leben.

Den Sauerstoff nutzen die Körperzellen für chemische Reaktionen, aus denen sie Energie gewinnen. Als Endprodukte entstehen Kohlendioxid und auch giftige Verbindungen – besonders Ammoniak, das beim Abbau von Proteinen übrig bleibt. Die Überbleibsel eiweißreicher Kost entsorgen unsere Nieren. Sie bauen giftiges Ammoniak zu ungiftigem Harn um und schwemmen es aus dem Körper. Ringelwürmer haben auch Nierenorgane – viel einfacher gebaut als unsere, aber mit der gleichen Funktion: unerwünschte Reststoffe aus dem Blut zu übernehmen und auszuscheiden.

Schneller Stoffwechsel und ausreichende Energieversorgung sind die Voraussetzungen für den Betrieb von Muskeln. Den Wurm befähigen sie, sich kraftvoll durch den Sand zu wühlen. Uns ermöglichen sie zu stehen, zu gehen, ein Brötchen in den Mund zu schieben oder einen Koffer zu tragen. Das Prinzip der Muskelbewegung ist immer gleich:

Mit Muskelkraft gräbt sich der Seeringelwurm in den Sand.

Auch die Wattforscher graben mit Muskelkraft im Sand.

Bündel aus zwei Sorten miteinander verzahnter Eiweißfäden schieben sich ineinander. Der Muskel zieht sich zusammen. Dabei wird chemische Energie in mechanische Arbeit umgewandelt. Ringelwürmer verfügen über kräftige Ring- und Längsmuskeln an der Körperwand, um kriechen, graben oder schlängeln zu können. Viele der im Wattenmeer beheimateten Arten tragen seitlich kleine Stummelfüße. Diese fungieren als Stemmhaken, Schwimmpaddel, Grabschaufeln und als Waffe zur Feindabwehr – und sind dementsprechend vielgestaltig. Auch sie werden von Muskelbündeln bewegt.

Ausgelöst wird die Muskelbewegung durch Nervenimpulse. Ringelwürmer haben ein gut ausgebildetes Nervensystem – eine Schaltzentrale, die Reize von den Sinnesorganen aufnimmt und die Reaktionen darauf koordiniert. Vom Gehirn ziehen lange Nervenstränge an der Bauchseite durch den ganzen Wurm. Verbunden sind sie mit Querfasern, sodass eine Art Strickleiter entsteht. Den Widerpart für die Muskeln bietet das elastische Skelett der Würmer: zwei mit Flüssigkeit gefüllte Hohlräume in jedem Ringel. Das ergibt zusammen einen prallen Schlauch, der dem Wurm seine Form gibt.

Watt-Vagabunden

Der Körper: ein Bausatz von Modulen in einem Schlauch aus Haut und Muskeln. Die Nerven: eine Strickleiter. Der

Ufernahes Brutwatt: Kleine Würmer machen kleine Kringel.

Darm: ein schnurgerades Rohr ... Das Schema eines Ringelwurms scheint nach den didaktischen Ansprüchen eines Biologielehrbuchs konzipiert zu sein: Klar und übersichtlich zeigt es die wichtigsten Organe, verdeutlicht ihre Funktionen und lässt sich leicht nachzeichnen. Doch das Leben eines Wattwurms verläuft keineswegs schematisch. Der Wurm – Klassiker jeder Wattwanderung – unternimmt im Laufe seines Lebens selbst ausgedehnte Wattwanderungen. Wohin, wann und warum haben Meeresbiologen erst in den letzten Jahren vollständig aufgeklärt.

Die erwachsenen Wattwürmer hocken, jeder für sich, in ihren Röhren. Am Ende des Sommers laichen die weiblichen Würmer, gleichzeitig entlassen die Männchen ihr Sperma. Das pumpen sie aus ihrem Gang hinaus und die Weibchen in ihren hinein. Die Spermien befruchten die Eier, bald darauf schlüpft die Brut. Die Larven wachsen heran, verlassen den Muttergang im Herbst und treiben mit dem Ebbstrom in die tiefen Priele. Dort überwintern sie im Muschelschill, frostgeschützt und eingehüllt in Schleim. Im Frühling packt die zarten Wattwürmchen erneut die Wanderlust: Sie lassen sich mit dem Flutstrom zurück aufs Watt treiben, legen einen Zwischenstopp in Senken oder Seegraswiesen ein und wandern im Sommer weiter: hoch hinauf zum Ufer. Dort, wo es den alten Wattwürmern nicht gut genug ist, graben sie sich eine Wohnröhre und fressen Sand. Ihre Kringel sind allerdings noch recht klein und dünn – typisch für ein Brutwatt. Erst, wenn es zu kalt wird und Frost droht, wandert die heranwachsende Jugend wieder in tiefere, geschützte Regionen und etabliert sich endgültig zwischen den Wohngängen der Alten.

Ganz im Gegensatz zu den Wattwürmern, die ihre Einsiedelei in der Röhre nicht aufgeben, schlüpft der Irisierende Seeringelwurm aus der Unterwelt und wirbelt wie toll im Meer herum, bevor er seine Saat verspritzt. Seine Familie trägt den Namen der Nereiden, anmutiger Meerjungfrauen aus dem Gefolge des Meeresgottes Poseidon. Und der Wurm macht seinem Namen Ehre: Dunkelgrün schimmert sein schlangenartiger Körper, die Seiten zieren Blättersäume. Im Frühjahr wandeln sich die männlichen Würmer: Die kleinen Blättchen wachsen zu beachtlichen Schwimmpaddeln, die Augen werden groß – die Nereiden bereiten sich zum Tanz. Bei Voll- oder Neumond schwärmen sie alle auf einmal aus ihren Gängen im Wattboden und vereinen sich zum nächtlichen Wasserballett. Wenn sie ihren Samen verstreut haben, treiben sie schlapp und todmüde an den Strand. Die Weibchen warten indessen daheim und pumpen Wasser durch ihre Wohngänge. So kommt der Samen zum Ei. Eine neue Generation wächst heran, die Alten sterben.

Neben den anmutigen Meerjungfrauen hat auch die schaumgeborene Göttin der Liebe ihren Platz im Meeresboden: Aphrodite. Auch sie in Gestalt eines Ringelwurms. Zu Deutsch heißt er Seemaus – ein Wurm, der zugleich mausgrau und schillernd wie eine Sagengestalt ist. Seinen

Mit Hilfe ihrer seitlichen Schwimmpaddel schwärmen die männlichen Seeringelwürmer zur Fortpflanzungszeit an die Wasseroberfläche.

Die Seemaus versteckt ihr schillerndes Borstenkleid im Untergrund.

Rücken bedeckt ein dichter grauer Borstenfilz, die langen Seitenborsten jedoch schimmern in allen Regenbogenfarben. Allerdings kommt das prächtige Farbenspiel selten zur Geltung: Die Seemaus kriecht verborgen durch Sand und Schlick und frisst dabei, was ihr zwischen die kräftigen Zähne gerät.

Wurm-Wälder

Neben Seemäusen und Sandfressern hat die Gruppe der vielborstigen Ringelwürmer noch viele andere originelle Typen im Wattenmeer versammelt. Die meisten von ihnen offenbaren sich jedoch nur geduldigen Wattforschern, die im Boden graben und die zappelnden Würmer aus dem Sand sieben. Nicht zu übersehen ist hingegen der Bäumchenröhrenwurm. Ein alter Bekannter der Wattwanderer und ein Baumeister besonderer Art. Seine Wohnröhre setzt er Stück

Der Bäumchenröhrenwurm baut sich einen Wohnbaum aus Sand und Schill.

für Stück aus Sandkörnern und Muschelschill zusammen. Jeden Baustein beschmiert er mit Kitt aus einer besonderen Drüse und befestigt ihn mit seinem Mundlappen. Oben drauf plaziert er noch zierliches Astwerk, sodass seine Bauwerke wie kleine Bäume aussehen. Mancherorts entstehen so ganze Wälder auf dem Wattboden. Immer dort, wo die Strömung so stark ist, dass der Wurm genug grobkörniges Baumaterial findet und kleine Schwebewesen aus dem Wasser fangen kann. Als Stellnetz nutzt er dazu seine

selbstgezimmerte Baumkrone und seine langen, klebrigen Tentakel, die er auf die Äste stützt.

Keine Wälder, sondern Riffe am Meeresgrund baut die Sandkoralle: Die Würmer verkleben Sandkörnchen zu Röhren und die Röhren zu ganzen Riffen. Früher standen die tiefen Rinnen des Wattenmeeres voller Sandriffe, heute existieren nur noch kleine Reste und verstreute Einzeltiere. Vermutlich haben Fischer die Riffe zerstört. Sie fischen seit Jahrzehnten in den Wattrinnen und schädigen die Lebensgemeinschaften am Boden.

Gar nicht bodenständig lebt das Helgoländische Farnblatt. Dieser Ringelwurm hat sich weit von seiner Sippschaft entfernt und schwimmt frei im Meer. Sein Körper ist ganz flach und durchsichtig, seine Stummelfüße sind zu langen Paddeln ausgezogen. So schwebt er durchs Wasser wie ein gläsernes Blatt.

Mancherorts bilden die Bäumchenröhrenwürmer dichte „Wälder“ am Wattboden.

Aus dem Wattenmeer verschwunden: Sandkorallenriff an der französischen Atlantikküste.

Schlauchparade

Ein ganze Parade von Schläuchen marschiert durch die marine Unterwelt: kleine, große, dicke, dünne, mit oder ohne Beinchen, Borsten, Ringeln, Fühlern, Kränzen ... Der Schlauch ist das Standard-Outfit im Untergrund. Da verliert man schnell den Überblick, denn Schlauch ist nicht gleich Schlauch. Viele der Wesen in Wurmgestalt sind weniger miteinander verwandt als wir mit einem Frosch. Wo der Schlauch groß in Mode ist? Zum Beispiel am Strand – im Sand unter Ihren Fußsohlen!

Bauchhärling

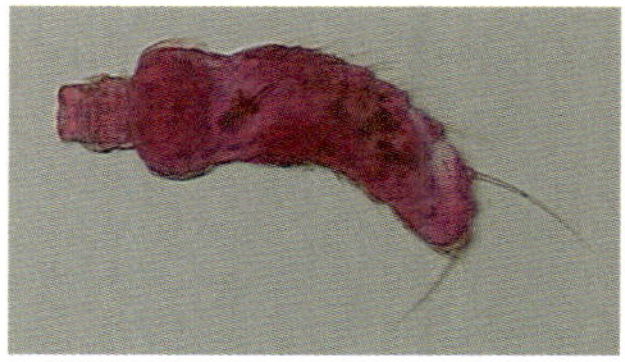

Hakenrüssler

Lang, dünn, biegsam – Sandlückentiere sind perfekt an das Strandleben angepasst. Die rosa Färbung haben ihnen die Forscher verpasst, um die winzigen Tierchen zwischen den Sandkörnern überhaupt entdecken zu können.

Strandwanderer haben eins gemeinsam: Sie stapfen am liebsten durch den festen, feuchten Sand direkt an der Wasserkante. Dort ist der Weg nicht so beschwerlich und die Wellen bieten ihre mitgeführten Schätze feil. Außerdem: Was für eine Lust, in letzter Sekunde trockenen Fußes dem schäumenden Wasser zu entkommen oder es an heißen Sommertagen an die nackten Waden klatschen zu lassen. Dort hausen sie: Wesen, die so klein sind, dass die Sandkörner ihnen wie Felsblöcke im Weg stehen. Ihr bevorzugtes Outfit ist die Schlauchform: lang, dünn, biegsam – perfekt, um durch schmale Lücken zu schlängeln. Im Sandlückensystem sind die verschiedensten Tiergruppen – Krebse, Strudelwürmer, Bärtierchen, mancherorts sogar Quallen und Seegurken – als wurmförmige Winzlinge vertreten. Hier versammeln sich jede Menge Tierarten – noch dazu in Massen: Ein einziger Quadratmeter Sand am Strand und auf den

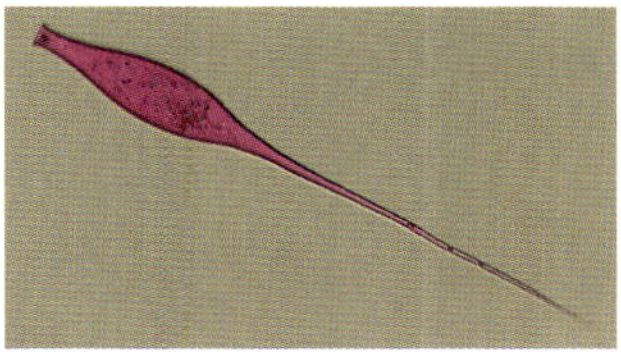

Einzelliger Kammerling

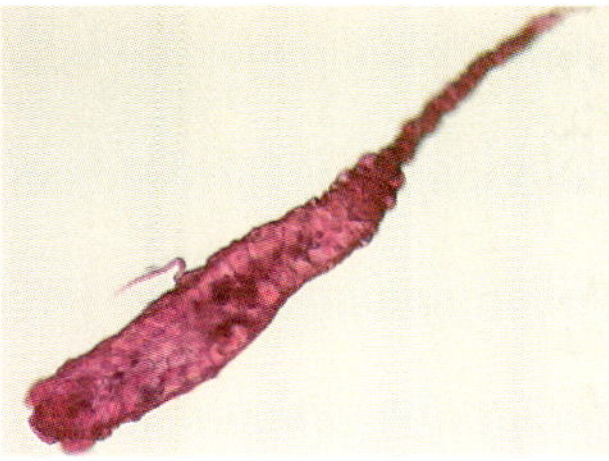

Nesseltier

Ringelwurm

Watten kann mehrere Millionen Sandlückentiere beherbergen.

Den Forscheraugen blieb das unterirdische Zwergenreich lange verborgen. Die fingerlangen Wattwürmer zogen viel eher die Blicke auf sich. Doch seit den 1960er Jahren pilgern Generationen von Meeresbiologen an einen kleinen Strand auf der Insel Sylt, um dem Sand seine Geheimnisse zu entreißen. Innerhalb von 40 Jahren stachen sie insgesamt etwa 50 000-mal mit einem kleinen Rohr zu: zogen Proben aus dem Boden, zählten und bestimmten mehr als eine Million einzelner Tiere – allesamt kleiner als ein Millimeter. Um die Lückenbewohner von den Sandkörnern zu befreien, an die sich einige fest klammern, greifen die Forscher in die Trickkiste. Bewährt hat sich beispielsweise, die Tierchen mit der eisigen Kälte von halbgefrorenem Seewasser zu erschrecken. Die flüchten daraufhin und landen direkt in einem Glasgefäß und unter dem Mikroskop.

An den kleinen Strand ganz im Norden der Insel am Lister Hafen hat die Forscher nicht die nahe gelegene Fischbude gelockt, sondern die ebenfalls benachbarte Forschungsstation. Dort wird das Wissen über die Sylter Strände und Watten gesammelt. Beeindruckende Bilanz: Etwa 800 Tierarten verbergen sich in den Sandlücken, davon allein 380 verschiedene Arten von Strudelwürmern, 230 verschiedene Fadenwürmer und 80 Arten von Ruderfußkrebsen. Aber auch andere Würmer und Krebse, Wimpern-, Räder- und Bärtierchen und vieles mehr. Ein Grund für die Artenvielfalt: Im Sandlückensystem ändern sich die Umweltbedingungen auf kleinstem Raum – beispielsweise die Versorgung mit Sauerstoff, Wasser und Nahrung. So findet jede Art ihre kleine Nische.

Ein Blick in die Liste der Tierarten im Sylter Wattenmeer fördert noch mehr Erstaunliches zutage: Die Zwerge im Sand sind die Giganten der Vielfalt. Weit abgeschlagen folgen dahinter die uns vertrauten größeren Bodentiere wie

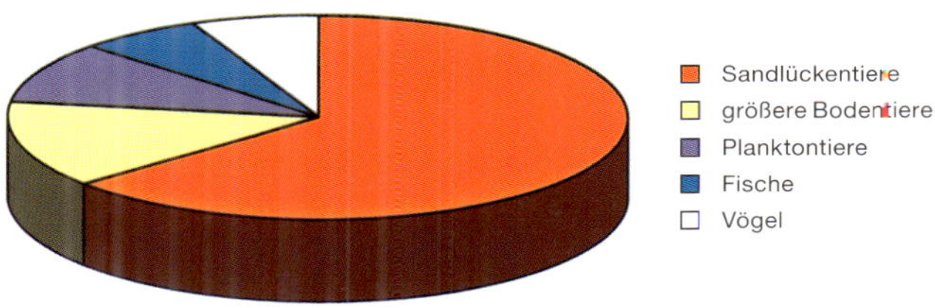

Im Sand steckt eine unglaubliche Artenvielfalt.

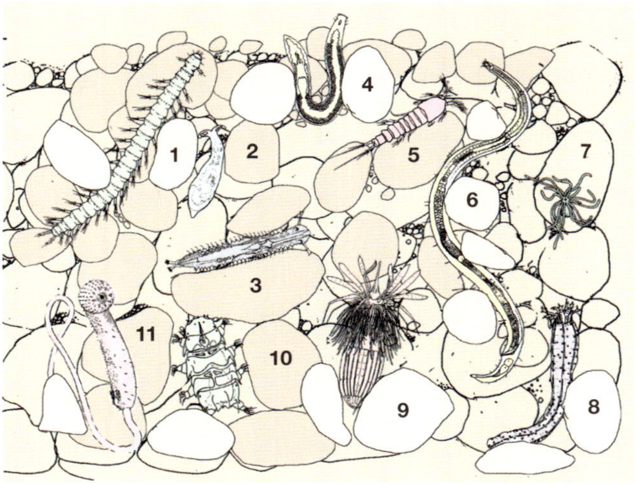

Die Tierchen im Lückensystem sind zumeist kleiner als ein Millimeter.
1 Vielborstiger Ringelwurm
2 Schnecke
3 Bauchhärling
4 Strudelwurm
5 Ruderfußkrebs
6 Nematode (Fadenwurm)
7 Qualle
8 Seegurke
9 Loricifera
10 Bärtierchen
11 Priapswurm

Wattwurm, Herz- und Miesmuschel mit 170 Arten. Noch weniger wird es im Wasser: Die umher treibenden Planktontiere bringen es auf 120 Arten und die Fische auf etwa 80 Arten. Ähnlich in der Luft: Möwen, Austernfischer & Co. sind mit 85 Arten vertreten.

Der vermeintliche Einheitslook der Sandlückentiere täuscht also. Im schlauchförmigen Gewand verbergen sich jede Menge verschiedene Tierstämme, Klassen, Ordnungen, Familien, Gattungen und Arten. Um die kleinen Lücken zwischen den Sandkörnern zu besetzen, haben viele das komplexe Innenleben ihrer größeren Verwandten radikal vereinfacht und sind auf Zwerggestalt geschrumpft. Die Ruderfußkrebse im Lückensystem haben die ausladenden Ruderfüße drastisch reduziert, mit denen ihre Familienangehörigen durchs Wasser schwimmen – solche Anhängsel stören unter beengten Verhältnissen nur.

So gleichförmig ihr Äußeres erscheint, so individuell und vielfältig sind die Lebensweisen der Sandlückentiere. Einige fressen Bakterien, einzellige Algen, organische Reste, andere leben räuberisch, viele leben – wie eigentlich? Wir wissen es nicht. Die Nahrungsnetze in der Zwergwelt sind wenig erforscht. Eines jedoch weiß man: Viele Arten erweitern ihren Aktionsradius, indem sie nachts aus ihren Sandlücken hinaus ins freie Wasser schwimmen – ihr Treiben wird dadurch noch unberechenbarer.

Strudler im Sand

Sie sind die artenreichste Tiergruppe im Sylter Sandlabyrinth: die Strudelwürmer. Ihr Körper sieht aus wie ein schmales Blatt, oben und unten abgeplattet. Das verrät ihre Herkunft: Sie gehören zum Stamm der Plattwürmer. Die winzigen Blättchen gleiten auf ihrer bewimperten Bauchseite durch die Lücken – angetrieben vom ständigen Strudeln der Wimpern. Ihrer floralen Erscheinung zum Trotz sind viele Strudelwürmer gefräßige Räuber. Zum Beispiel Promesostoma marmoratum – ein Plattwurm, der keinen deutschen Namen hat, weil ihn außer der Fachwelt ohnehin keiner kennt. Er erbeutet Ruderfußkrebse, die fast so groß sind wie er selbst. Dazu schleudert er Schleimfäden aus, schwimmt um sein Opfer herum und spinnt es allmählich ein. Nach anfänglichem Zappeln erlahmt der Krebs. Der Plattwurm kann ihn ungestört aussaugen, bis nur noch die leere Hülle übrig bleibt. Im Durchschnitt frisst ein Plattwurm einen Krebs pro Tag und nimmt dabei die Hälfte seines Eigengewichtes an Nahrung auf. Ganz schön gefräßig! Ein großer, stattlicher Mann müßte nach dieser Methode täglich einen Zentner Speisen in sich hineinstopfen.

Dabei sind die winzigen Vielfraße eher einfach organisiert: Sie haben einen Mund, aber keinen After. In ihrem Darm wird die Nahrung nur grob gespalten. Der Rest wird – wie bei den Schwämmen – in den Zellen verdaut. Zudem fehlen ihnen Atmungsorgane und Blutkreislauf wie den meisten anderen Sandlückenbewohnern auch. So kleinen Tieren reicht es, Sauerstoff durch die Haut aufzunehmen und Nährstoffe mit der Körperflüssigkeit zu verteilen. Aber der Kopf der räuberischen Strudelwürmer ist mit Sinnesorganen und Nerven gut bestückt – ein Muss für erfolgreiche Beutezüge.

Erfolgreiche Fäden

Im Wettstreit der Artenvielfalt belegen sie Platz zwei: die Fadenwürmer oder Nematoden. Noch dazu besetzen sie die Sandlücken in ungeheurer Anzahl. Kein Wunder, denn die unscheinbaren Kreaturen sind berühmt – und berüchtigt – dafür, alle nur erdenklichen Lebensräume in ganzer Heerscharen zu besiedeln. Auch Lebewesen, die auf unserem Speiseplan stehen, wie Fische oder Schweine.

Die Würmer sehen wirklich aus wie ein Faden: lang gestreckt und im Querschnitt rund. Ihre Außenhaut ist mit einer glatten Kollagenschicht umhüllt. Sie schlängeln ähnlich wie Aale oder Schlangen voran und stützen sich dabei an den Sandkörnern ab. Ganz und gar ungewöhnlich ist ihre Entwicklung: Bereits im Keim wird die Bedeutung jeder einzelnen Körperzelle festgelegt. Ein Fadenwurm besteht aus einer stets gleich bleibenden Anzahl von Zellen, die noch dazu charakteristisch für die jeweilige Art ist. Bei uns hingegen und den meisten anderen Vielzellern teilen sich die Körperzellen nach Bedarf.

Seiner so berechenbaren Zellausstattung verdankt der Fadenwurm Caenorhabditis elegans einen rasanten Aufstieg zum Lieblingsmodell der Entwicklungsbiologen und zu einem der am meisten studierten Geschöpfe überhaupt. Im Jahr 2002 verhalf das durchsichtige Würmchen, das in jedem Blumentopf zu finden ist, sogar drei Wissenschaftlern zum Medizin-Nobelpreis. Caenorhabditis elegans besitzt übersichtliche 959 Zellen. Ein Stammbaum verzeichnet Herkunft und Schicksal jeder einzelnen davon. Wenn der Wurm schlüpft, besteht er aus 558 Zellen. Bis zum Erwachsenenalter von drei Tagen bringt er es bis auf 1090 Bauteile. Doch bei seiner Reifung bleiben 131 Zellen auf der Strecke. Dieser programmierte Zelltod und die an ihm beteiligten Gene sind für die Forscher interessant: Sie verraten, wie Lebewesen entstehen, wie sie altern und was auf dem Weg vom Ei bis zum Tod alles schief gehen kann – Wissen, das hilft, viele Krebs- und Alterserkrankungen besser zu verstehen. Dem Würmchen nützt das nichts: Es stirbt im zarten Alter von 18 Tagen.

Die Fadenwürmer oder Nematoden gehören zu den häufigsten Sandlückenbewohnern.

Hakenrüssler und Bärtierchen

Im Gegensatz zu den Fadenwürmern, die sich fast überall zuhauf tummeln, gibt es ganze Tiergruppen, deren Angehörige fast alle im Meersand leben. Sie sind sehr klein und mehr oder weniger wurmförmig. Sie unterscheiden sich aber so grundlegend voneinander, dass die Zoologen sie verschiedenen Klassen, ja sogar Stämmen des Tierreichs zugeordnet haben. Eine Klasse bilden beispielsweise die

Eine wissenschaftliche Sensation: Der Tierstamm der Loricifera wurde erst in den 1970er Jahren zwischen den Sandkörnern entdeckt. Die Winzlinge im Meeresboden sind so unbekannt, dass der Name Loricifera keine deutsche Übersetzung bekam. Aber sie sind so anders als alle anderen Tiergruppen, dass sie einem eigenen Stamm zugeordnet wurden.

Säugetiere, die so unterschiedliche Wesen wie Mäuse und Menschen vereinen. Zusammen mit Fischen, Vögeln und Co. gehören die Säuger zu den Wirbeltieren, die wiederum nur ein Teil vom Stamm der Chordatiere sind.

Die Klassen und Stämme der sandlebenden Winzlinge sind allerdings kaum bekannt und ihre Namen gar nicht oder höchst merkwürdig ins Deutsche übertragen. Oder was halten Sie von „Bauchhärlingen", „Hakenrüsslern" und „Kiefernmündchen" ...? Erfreulich anschaulich hingegen sind die Bärtierchen. Mit ihren Stummelfüßen sehen sie aus wie klitzekleine Gummibärchen – allerdings nicht so schön bunt wie die zum Aufessen. Die Tierchen sind bärig gemütlich und klettern langsam zwischen den Sandkörnern herum. Bei starker Strömung bleiben sie wie angewurzelt stehen und schmiegen sich mit Haftscheiben an ihren Füßen dicht an ein Sandkorn.

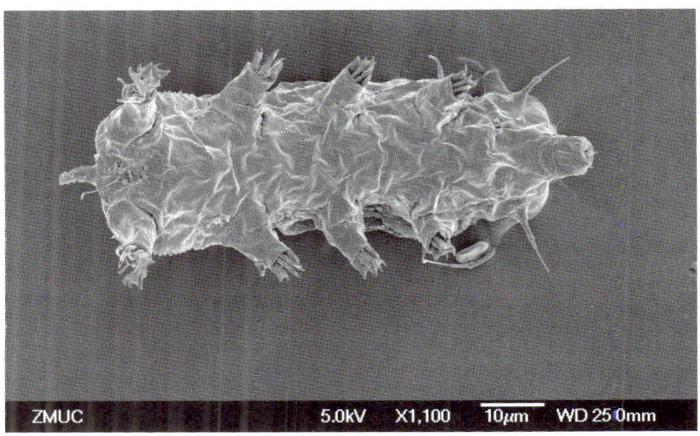

Bärtierchen haben eine gewisse Ähnlichkeit mit ihren Namensvettern aus Fruchtgummi.

Des Wurmes Länge ist verschieden

„Würmer" und „Insekten" – ganze zwei Klassen schuf der große Systematiker Carl von Linné für das Heer der wirbellosen Tiere. Seine Nachfolger warfen immer mehr Tiergruppen aus dem Sammeltopf der Würmer hinaus und schufen ihnen eigene Klassen. Aber der Begriff blieb und vertritt weiterhin so unterschiedliche Wesen wie Platt-, Rund-, Ringel-, Kelch-, Spritz-, Pfeil-, Igel- und Eichelwürmer. Sie alle eint ihre wurmförmige Gestalt – wie geschaffen dafür, im weichen Boden herumzukriechen und zu wühlen. „Wurm" beschreibt daher eher ihre Art zu leben als ihre verwandtschaftlichen Verhältnisse. Oder wie Wilhelm Busch in seinem Naturgeschichtlichen Alphabet reimt:

> „Der Walfisch stört des Herings Frieden, des Wurmes Länge ist verschieden."

Wie wahr! Und wie verschieden ist nicht nur die Länge. Der gesamte Meeresboden, von der Tiefsee bis zur Gezeitenzone, ist ein einziges, gigantisches Sammelsurium verschiedener Würmer. Im Sylter Sand hockt nur ein kleiner Ausschnitt davon – und der ist schon verschieden genug.

Noch eine Kostprobe? Richtig „verschieden" sind die riesigen Bartwürmer, die an heißen Tiefseequellen hausen. In dieser, erst in den 1970er Jahren entdeckten Anti-Welt ist alles anders: Statt von oben, nämlich von der Sonne, kommt die Energie von unten, also aus dem Erdinneren. An den Tiefseequellen brodelt Schwefelwasserstoff empor, den Bakterien nutzen, um Energie zu gewinnen und Biomasse aufzubauen. So wie es die Pflanzen mit Hilfe des Sonnenlichts tun. Die Riesenbartwürmer pflegen ganz innige Beziehungen zu diesen Schwefelbakterien. Sie verzichten auf herkömmliche Ernährungsweisen, haben weder Mund noch Darm und beherbergen stattdessen massenweise Mikroorganismen. Und die versorgen ihr Hotel so gut mit Nährstoffen, dass die Bartwürmer in ihren Wohnröhren zu meterlangen Riesen heranwachsen. Der Begriff „Wurm" schoss den Forschern im Tauchboot Alvin bestimmt nicht durch den Kopf, als sie die dicht stehenden hellen Röhren, aus denen flammend rote Kiemenbüschel lodern, zum ersten Mal am Tiefseegrund erblickten.

Pralles Leben in der Tiefsee: Riesenbartwürmer fotografiert auf einer Fahrt des amerikanischen Forschungstauchboots Alvin.

Blättermoostier

Algenbüschel oder Tierkolonie? Wer genau hinschaut, erkennt, dass die „Blätter“ aus lauter winzigen Wohnschachteln von Blättermoostierchen bestehen.

Klingt skurril, ist es auch: das Blättermoostier. Eigentlich heißt es -tierchen, weil es so klein ist. Aber weil immer ganz viele zusammen hocken, ist das Ganze doch wieder recht groß. Sie haben bestimmt schon mal welche am Strand gesehen – und für ein Algenbüschel gehalten. Moostierchen gehören zu dem altehrwürdigen Stamm der Kranzfühler. Und die verbergen meisterhaft ihre wahre Identität: Einige sehen aus wie Algen, andere wie ein Stück Nylonstrumpf, eine Muschel oder ein Röhrenwurm. Kranzfühler haben viele Gesichter, aber eins gemeinsam: einen Kranz aus Fühlern.

Sie sind so dekorativ wie die zierlichen Polypenstöcke des Seemooses. Und sie liegen ebenfalls am Strand herum: die Blättermoostierchen. Sandfarbene, vielfach verzweigte Büschel, etwa so groß wie eine Hand. Sie sehen nicht aus wie

Am Meeresgrund strudeln die Blättermoostierchen Plankton aus dem Wasser.

Tiere, eher wie Algen. Doch nehmen Sie mal eins in die Hand, halten es gegen das Licht und schauen genau hin: Die Blattoberfläche gleicht dem Gewebe von einem Nylonstrumpf. Die Maschen sind lauter einzelne Gehäuse, in denen je ein Moostierchen sitzt. Zu Hunderttausenden hausen sie dicht an dicht in diesen Netzwerken. Ihre Wohnschachteln sind nicht größer als ein Millimeter und mit kurzen Dornen bewehrt. Daher fühlen sich die Blätter rauh an wie Schleifpapier. Die zarten Tiere vertrocknen allerdings in

Wie Strumpfgewebe überzieht diese Moostierchenkolonie eine Alge.

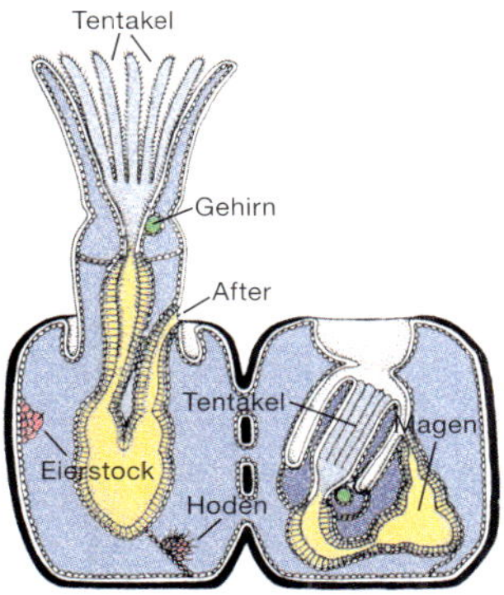

Schematischer Schnitt durch zwei Moostierchen. Links: Tier mit ausgestrecktem Tentakelkranz. Rechts: Bei Gefahr kann das Moostierchen den Tentakelkranz vollständig ins schützende Gehäuse einziehen.

der Sonne sehr schnell, sodass Sie durch das leere Netz hindurchgucken können. Lebende Moostierchen siedeln auf Steinen am Meeresgrund. Am Strand liegen nur losgerissene und von den Wellen angespülte Büschel.

Genau wie Polypenstöcke sprießen auch die Kolonien der Moostierchen aus den Knospen eines einzigen Gründertieres hervor. Und nehmen allmählich ihre Gestalt an: Blätterbüschel, kleine Zweige oder feine Netze, die Muscheln und Algen überziehen wie der Nylonstrumpf das Frauenbein. Eines jedoch haben die vielgestaltigen Wohnsiedlungen gemeinsam: Ihre Insassen sind allesamt winzig, keinesfalls größer als wenige Millimeter. Sie haben daher, genau wie viele Bewohner der Sandlücken, ihr Innenleben vereinfacht, beispielsweise ihr Blutgefäßsystem zurückgebildet.

Dennoch sind die Moostierchen wesentlich komplexer gebaut als die Polypen der Nesseltiere. Beide verbindet daher auch kein enges verwandtschaftliches Verhältnis. Ihre äußere Erscheinung ist deswegen so ähnlich, weil sie sich an die gleiche Lebensweise angepasst haben. Beide wachsen fast wie Pflanzen am Meeresgrund, bilden Kolonien aus lauter winzigen Individuen, die mit ihren Tentakeln Plankton aus dem Wasser fischen. Bei den Moostierchen sitzt ein bewimperter Tentakelkranz auf zwei Trägern am Mund. Dieses Konstrukt ist so typisch, dass es dem ganzen Stamm der Kranzfühler seinen Namen gab.

Die Bewohner einer Moostierchenkolonie teilen ebenso wie die Polypen die Arbeit untereinander auf. Einige haben Fühlerkranz und Darm reduziert, lassen sich von ihren Genossen versorgen und dienen auf spezielle Art dem Gemeinwohl. Eine Gruppe bildet Stielglieder, Blattranken und Wurzelfäden, eine andere schützt und säubert die Kolonie. Bei den „Vogelköpfchen" ist der Gehäusedeckel zu einer beweglichen Schnabelzange umgewandelt. Die schnappt zu, wenn sich Kleingetier auf den Wohnschachteln häuslich niederlassen will. Bei anderen ist der Deckel zu einer „Peitschenschnur" ausgezogen, die über den Tierstock fegt und Schmutz beseitigt. Die tönnchenförmigen Geschlechtstiere fungieren als Brutkammern für befruchtete Eier. Daraus schlüpfen die Larven, treiben eine Zeitlang im Meer und sinken dann zu Boden, um neue Kolonien zu gründen.

Büschel am Strand

Haufenweise Büschel säumen mancherorts den Strand, besonders nach schweren Stürmen. Neben Blättermoostierchen oder Polypenkolonien sind es vor allem große Algen, die starke Strömungen büschelweise vom Meeresboden losreißen und an Land spülen.

Wie die Pflanzen an Land betreiben auch die Algen im Meer Photosynthese: Mit Hilfe des grünen Farbstoffs Chlorophyll fangen sie Sonnenlicht ein und nutzen es, um aus Kohlendioxid und Wasser energiereiche Kohlehydrate aufzubauen. Bei vielen Algen wird das grüne Chlorophyll von anderen Farbstoffen überlagert. Daher lassen sich beispielsweise Rot-, Braun- und Grünalgen unterscheiden.

Zu den Braunalgen gehört der Blasentang, dessen abgerissene Büschel häufig am Strand liegen. An den lederartig derben Zweigen sitzen gasgefüllte Schwimmblasen, die jedoch bei manchen Formen fehlen. Das führt dann zu dem Wortwunder „Blasenloser Blasentang“.

Der Blasentang siedelt auf ufernahen Felsen, Steinen, Muschelschalen, Holzpfählen oder Hafenmauern und verträgt es problemlos, bei Ebbe regelmäßig auf dem Trockenen zu sitzen. Auch mit dem Salzmangel in der Ostsee hat sich die anspruchslose Alge arrangiert. Sie siedelt hier allerdings in größeren Tiefen als in der Nordsee.

Der Blasentang verträgt es, regelmäßig bei Ebbe trocken zu fallen.

Inkognito

Der ganze Stamm der Kranzfühler ist geradezu ein Paradebeispiel dafür, dass Tiere eine gemeinsame Ahnenreihe und den gleichen Grundbauplan haben, aber komplett unterschiedlich aussehen können. Zu den Kranzfühlern gehören drei Gruppen, die alle ihre wahre Identität meisterhaft verbergen: Die Moostierchenkolonien ähneln Polypenstöcken, die Hufeisenwürmer sehen aus wie Röhrenwürmer und die Armfüßer kommen in Gestalt von Muscheln daher. Dennoch vereinen viele gemeinsame Merkmale diese so unterschiedlichen Wesen. Besonders typisch: ihr auf zwei Träger gestützter Tentakelkranz.

Die Hufeisenwürmer leben am Meeresboden. Ihr Körper

Verwirrspiel: Diese „Muschel" ist in Wirklichkeit ein Armfüßer.

steckt in einer Wohnröhre, aus deren einziger Öffnung der Tentakelkranz herausragt. Ganz anders die Armfüßer: Ihr Körper wird wie bei den Muscheln von zwei Schalenklappen geschützt. Diese bedecken allerdings Bauch- und Rückseite des Tieres, während die Schalen der echten Muscheln seitlich an den Körper geklappt sind. Auch die Armfüßer tragen den typischen Tentakelkranz und sind mit einem muskulösen Stiel an Steinen oder im Sand verankert. Ihre besten Jahre haben sie allerdings schon hinter sich – sie bringen es heute auf etwa 300 Arten, während fossil 40 000 Arten bekannt sind. Die Zungenmuschel Lingula hat als „lebendes Fossil" die Jahrmillionen nahezu unverändert überdauert und lebt noch heute eingegraben im Meeressand.

Und noch eine Gemeinsamkeit eint die Kranzfühler: Sie sitzen alle am Boden fest. Umso wichtiger sind ihre Larven, die frei im Wasser schwimmen und neuen Siedlungsraum erobern. Sie unterscheiden sich so gründlich von dem fertigen Tier, dass die Zoologen Mühe hatten, die verschiedenen Lebensstadien einer Art zuzuordnen. Die Larven vieler Moostierchen sehen aus wie ein Hut ohne Krempe – ein winziges, durchsichtiges Hütchen, das eifrig mit seinen Wimpern schlägt, um durchs Wasser zu manövrieren. Die Larve des Hufeisenwurms hingegen entzieht sich jedem Vergleich: ein glashelles Stück Schlauch mit allerlei Anhängen. Wer sie in einer Planktonprobe zum ersten Mal sieht, starrt zunächst ungläubig, dann staunend und beglückt durch das Mikroskop auf das bizarre Wesen.

Die Larven der verschiedensten Meeresbewohner haben vieles gemeinsam, denn sie haben alle ein Ziel: als freischwimmende Stadien ihre Art in die Welt hinaus tragen und verbreiten. Viele sind durchsichtig wie Glas und im Wasser nahezu unsichtbar. Sie schwimmen mit Wimpern, die sich als Bänder oder Ringe um den Körper ziehen. Weite Strecken legen sie mit Hilfe der Meeresströmungen zurück. Die entscheiden, ob sich eine Tierart nach Süden oder Norden ausbreiten kann und ob die Larve jemals wieder den Weg zurück zur Küste findet. Um sich zu orientieren, tragen die Larven einfache Augen und Gleichgewichtsorgane. Chemische Sinnesorgane helfen ihnen dabei, einen geeigneten Ort aufzuspüren, an dem sie sich schließlich niederlassen und sesshaft werden.

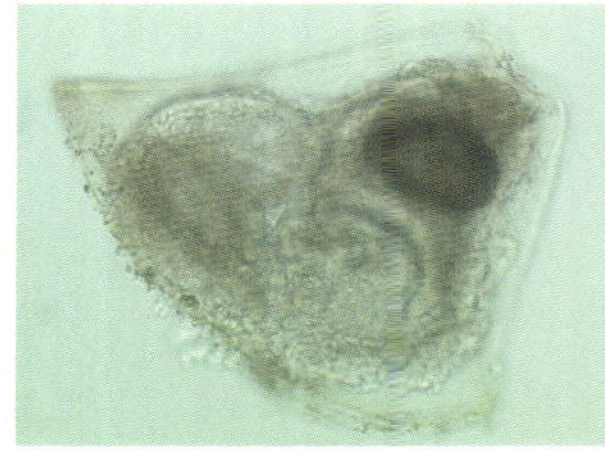

Schwimmendes Hütchen: Larve eines Moostierchens

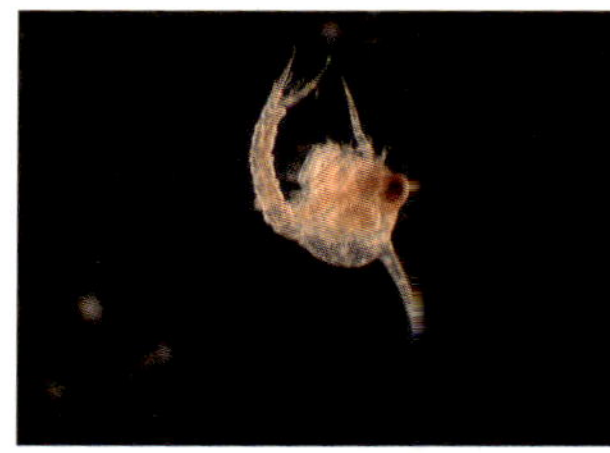

Bizarre Wesen: Die Larven vieler Meerestiere haben nicht viel mit ihren Eltern gemeinsam. Larve von: Hufeisenwurm (links), Krebs, Seeigel, Ringelwurm (von oben).

Schere, Krebs, Panzer

Die Einzelteile können Sie am Strand zusammenklauben: kräftige Scheren und Panzerstücke. Der dazugehörige Krebs streckt Ihnen im flachen Wasser drohend seine Waffen entgegen. Und kann damit ganz schön zwicken! Seine Verwandten kommen edel als „Lobster" oder volkstümlich im Krabbenbrötchen daher. Aber vor dem Genuss müssen alle erst mühsam aus ihrer harten Schale gepult werden.

Respekt! Die Scheren einer ausgewachsenen Strandkrabbe sind groß genug, um kräftig in einen Barfuß zu kneifen, sofern sich dieser beim Wandern im flachen Seewasser zu nahe an das Krebstier heranbewegt. Aber sagen Sie nicht, man hätte Sie nicht gewarnt: Mutig, geradezu heldenhaft, hat sich der kleine Krebs Ihnen, dem gigantischen Goliath, in den Weg gestellt und abwehrend seine Waffen erhoben.

Drohgebärde: Die Strandkrabbe erhebt abwehrend ihre kräftigen Scheren, wenn ihr jemand zu nahe kommt.

Die harten Panzerteile und Scheren sind häufige Überbleibsel der Krebse am Strand.

Also laufen Sie ihm besser nicht ins offene Messer, pardon in die offenen Scheren.

Wie die Scheren funktionieren, können Sie selbst ausprobieren. Viele davon liegen ebenso wie Teile der Krebspanzer am Strand. Ein Teil der Schere ist beweglich und schnappt zu, wenn ein leckerer Happen oder ein feindlicher Fuß herannahen. Die vielen Einzelteile der Strandkrabben im Spülsaum sind übrigens nicht die Reste eines marinen Massakers. Ihre Herkunft ist zumeist weit weniger blutrünstig: Die Krebse häuten sich, werfen ihren alten Panzer ab, um in einen neuen, größeren hineinzuwachsen. Häutungen sind ein notwendiges Übel für Tiere mit einem harten Außenskelett. Das der Krebse besteht aus Chitin, bietet dem weichen Körper Schutz und den kräftigen Muskeln Halt. Den Panzer abzustreifen ist mit einem hormonellen Feuerwerk verbunden. Die alte Hülle reißt auf und der Krebs fährt buchstäblich aus der Haut. Lässt Scheren-, Bein- und Körperpanzerung zurück und ist jetzt ganz weich und wehrlos. Solche „Butterkrebse" sind ein begehrter Happen – auch für Jäger, die sich an der harten Schale die Zähne ausbeißen würden. Zwar hat der Krebs schon unter dem alten einen neuen Panzer gebildet, doch der braucht einige Tage, um richtig hart zu werden. Zunächst spannt der Krebs seine neue, noch viel zu große Hülle, indem er Wasser aufnimmt. Dann wächst er allmählich hinein.

Besonders die ganz jungen Strandkrabben sind Weltmeister im „aus der Haut fahren“. Nach dem Schlüpfen durchlaufen sie zunächst fünf verschiedene Larvenstadien im freien Wasser. Im Sommer lassen sie sich scharenweise auf dem Meeresboden nieder. Ganze zwei Millimeter ist der Panzer dieser Minikrebse breit. Ansonsten ist schon alles dran: Acht Laufbeine und zwei Scheren. Dann legen sie los: In Abständen von wenigen Tagen schlüpfen sie aus ihren Hüllen, wachsen und fressen, was der Boden hergibt: Algen, Muscheln, Schnecken, Würmer, Krebse. Ihr Appetit ist groß, ihre Anzahl auch. Zur Freude von Möwen und Austernfischern, die eine schmackhafte Krabbenmahlzeit sehr schätzen – egal, ob sie dazu erst den Panzer knacken müssen oder den Leckerbissen butterweich serviert bekommen.

Aufmarsch der Beine

Harte Schale, weicher Kern ist das Erkennungszeichen fast aller Krebstiere – also so unterschiedlicher Wesen wie Krabben, Hummer, Wasserflöhe oder Seepocken. Eine weitere Gemeinsamkeit: ihre gegliederten Beine. Die sind typisch für den Stamm der Gliederfüßer, zu dem neben den Krebsen auch Insekten und Spinnen gehören. Die Bezeichnung „Bein“ ist allerdings stark untertrieben: Die verschiedenen Anhänge am Krebskörper sind wahre Multifunktionswerkzeuge. Nahe der Mundöffnung sitzen drei kleine Beinpaare, die bei der Nahrungsaufnahme helfen. Zwei Beine tragen die großen Kneifscheren, mit denen die Strandkrabben Kämpfe ausfechten sowie Beute oder einen Geschlechts-

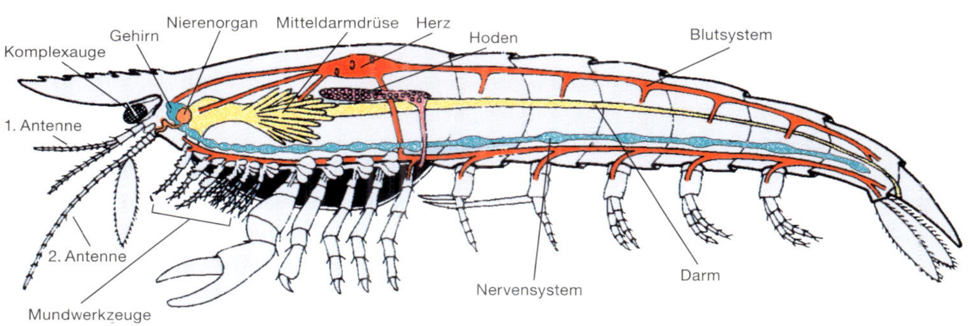

Schematischer Schnitt durch einen Krebs. Je nach Funktion sind die Beinpaare unterschiedlich gestaltet, etwa als Mundwerkzeuge, Scheren oder Laufbeine.

partner ergreifen. Vier Beinpaare leisten das, was wir von Beinen erwarten: Sie laufen und tragen den Krebs quer über den Meeresgrund. Ihr Seitwärtsgang hat den Strandkrabben auch den Namen Dwarslöper (Querläufer) eingebracht. Die dichterische Freiheit geht sogar noch einen Schritt weiter:

„O Zaudern, meine Wonne du,
Wir beide ziehn des Weges lang
Ganz wie die Krebse immerzu
im Rückwärtsgang, im Rückwärtsgang"
(Guillaume Apollinaire, Bestiarium)

Atmen ist übrigens ebenfalls Sache der Beine: An ihrem oberen Abschnitt sitzen dünnhäutige Kiemenanhänge. Der

Portrait einer Strandkrabbe: Am Kopf sitzen leistungsfähige Stielaugen und kleine Beine, die bei der Nahrungsaufnahme helfen.

Krebspanzer überdeckt sie wie ein schützendes Dach. Ein abgeplattetes Beinglied fächelt ständig frisches Atemwasser herbei.

Damit endet der Aufmarsch der Beine – zumindest bei den Strandkrabben. Garnelen verfügen zusätzlich über mehrere Paar Schwimmbeine an ihrem Hinterleib. Den haben die Strandkrabben zurückgebildet und unter den Bauch geklappt – ein typisches Merkmal aller Krabben. Gut, dass die „Krabben" im Brötchen in Wirklichkeit Garnelen sind. Denn als solche haben sie ein gut entwickeltes Endstück. Und genau das enthält das schmackhafte Muskelfleisch, das wir im Brötchen so schätzen!

Neben schnellen Beinen braucht ein erfolgreicher Jäger auch gute Augen. Die der Strandkrabbe sitzen auf beweglichen Stielen und sind jeweils aus mehreren tausend Einzelaugen zusammengesetzt. Solche Komplexaugen tragen nicht nur die Krebse, sondern auch Insekten. Der ganze Stamm der Gliederfüßer verfügt über hoch entwickelte Sinnesorgane. Entsprechend leistungsstark ist auch das Nervensystem. Sein Aufbau erinnert an die „Strickleiter" der Ringelwürmer: Vorne liegt das Gehirn, an der Bauchseite ziehen Nervenstränge mit Querverbindungen durch den Körper. Und auch sonst ähneln sich die Baupläne beider Gruppen, die daher als Gliedertiere zusammengefasst werden. Dementsprechend haben Krebse & Co. auch die „Baukasten-Bauweise" der Ringelwürmer übernommen. Allerdings sind bei ihnen die Körperglieder vielfach miteinander

Versteckt: Den gegliederten Hinterleib klappt die Strandkrabbe unter ihren Panzer.

verschmolzen und nicht mehr so gut erkennbar wie die „Ringel" beim Wurm. Bei der Strandkrabbe stecken Kopf und Brustsegmente gemeinsam unter einem einheitlichen Panzer und den gegliederten Hinterleib erkennt man nur, wenn man eine fängt und die Unterseite betrachtet. Aber Vorsicht! Die Krabben zwicken kräftig in vorwitzige Finger.

Krabben satt

Wen stört es, dass die „Krabben" eigentlich gar keine Krabben sind, sondern Nordseegarnelen. Lecker sind sie! Ob auf Toast oder im Brötchen, mit Rührei oder als Omelette, als Cocktail oder in der Suppe – möglichst fangfrisch und direkt vom Kutter. Sogar das mühselige Krabbenpulen ist fast schon ein nordischer Volkssport.

Nordseegarnelen bevölkern im Sommer milliardenfach das Wattenmeer. Jedes Weibchen legt mehrmals im Jahr mehrere tausend Eier ab. Die Larven schwimmen etwa fünf Wochen lang durchs Wasser, ehe sie zu Boden sinken und auf den Wattflächen heranwachsen. Hier im flachen Wasser finden die Jungspunte Schutz vor hungrigen Fischmäulern. Folglich bleiben sie auch bei Ebbe und suchen Zuflucht in kleinen Wassertümpeln und Pfützen. Nützlicher Nebeneffekt: In der Sonne heizen sich diese Brutstätten auf Badewannentemperatur auf, sodass die jungen Garnelen schnell groß werden. So lang wie ein Finger können Garnelenweib-

Die „Krabben" im Brötchen sind Nordseegarnelen.

Gut getarnt ist die Nordseegarnele auf sandigem Grund.

chen werden, die Männchen hingegen bringen es nur auf eine halbe Portion. Wachsen sie weiter, wandeln sie sich in Weibchen um.

Die erwachsenen Tiere wandern bei Flut auf die Wattflächen und lassen sich mit dem ablaufenden Wasser zurück in die Priele treiben. Sie dort bei einer Wattwanderung zu entdecken, ist gar nicht so leicht. Oft graben sie sich ein und schauen nur mit den Augen und Fühlern heraus. Außerdem können Nordseegarnelen ihre Farbe fast vollständig dem Untergrund anpassen und heben sich kaum vom sandigen Boden ab. Kommt man ihnen zu nahe, klappen sie ruckartig ihren Schwanzfächer unter den Bauch und schießen rückwärts davon. So schnell, dass man sie kaum wahrnimmt, höchstens als Kribbeln an den Füßen. Tagsüber bleiben die Garnelen meist im Verborgenen und werden erst nachts aktiv. Dann schwimmen sie umher und fangen alles, was sie kriegen können: Würmer, kleine Krebse, junge Muscheln, Fischlarven – sogar die eigenen Artgenossen.

Sie selbst werden von vielen Küstenvögeln erbeutet, von Fischen und jungen Seehunden. Auch die Krabbenfischer gehen auf Garnelenfang. Gefischt wird in den Prielen und Rinnen des Wattenmeeres. Die größeren Kutter fangen weiter draußen vor der Küste. Die Fangnetze werden von meterlangen Bäumen offen gehalten und auf Rollengeschirren über den Meeresgrund geschleppt. Als unerwünschter Beifang landen viele Bodentiere, junge Schollen, Seezungen und andere kleine Nordseefische regelmäßig mit im Netz. Ein Problem, denn wo viel gefischt wird, gibt es auch viel Beifang – zum Schaden für zart gebautes Getier und künftige Fischgenerationen.

An Bord des Kutters wird der Beifang von den Speisegarnelen getrennt, die sogleich in einen Kessel kochenden Wassers wandern, damit sie nicht verderben. Erst durch den Hitzetod werden die sandfarbenen Tiere so rötlich, wie wir sie aus der Fischtheke kennen. Der Grund: Beim Zerfall der Eiweißverbindungen im Krabbenkörper wird auch roter Karotinfarbstoff frei.

Prachtstücke

Sie sind die Edlen unter den Krebsen. Sie tragen mächtige Scheren und schwere Panzer, können Jahrzehnte alt werden, mehrere Kilo schwer und so lang wie ein Männerarm. An der deutschen Küste findet man sie lediglich in den Aquarienbecken der Fischrestaurants. Dort warten sie eingepfercht und mit zusammengebundenen Zangen, bis ein Gast den „Lobster“ ordert. Zuhause fühlen sich die Hummer rings um die Hochseeinsel Helgoland und an anderen felsigen Küsten. Sie leben in Spalten und Höhlen auf dem Felsboden, gehen nachts auf Beutezug, fressen Muscheln, Würmer und Aas. Früher konnten die Helgoländer Fischer von ihren berühmten Hummern gut leben. Ende der 1930er Jahre fingen sie manchmal mehr als 80 000 Tiere pro Jahr in Korbreusen, die sie mit Fischen und Taschenkrebsen beköderten. Doch nach dem Zweiten Weltkrieg war Schluss. Die Bestände gingen drastisch zurück. Mehr als ein paar hundert Exemplare pro Jahr gehen den wenigen verbliebenen Fischern nicht in die Reusen. Über die genauen Gründe rät-

Prachtexemplar: Ein Hummer vor Helgoland.

selt die Fachwelt bis heute. Vermutlich reicht eine einzige Erklärung – wie so oft im Leben – nicht aus. Die Ursachen des Hummerschwunds sind vielschichtig. Im Krieg nahm auch die Unterwasserwelt mit den Behausungen der Hummer Schaden. Noch bis 1950 dauerte die Bombardierung der Insel, die der britischen Luftwaffe als Übungsziel diente. Und bei den vergeblichen Versuchen, Helgoland zu sprengen, stürzten auch die zerklüfteten Felsen mit ihrer unterseeischen Höhlenlandschaft in sich zusammen.

Aber warum haben sich die Hummerbestände in den mehr als 50 Jahren, die seither verstrichen sind, nicht wieder erholt? Vielleicht hat der Taschenkrebs, Hauptkonkurrent um Nahrung und Wohnraum, die mageren Hummerjahre genutzt, um sich ordentlich breit zu machen. Jedenfalls ist er, der einstige „Beifang" der Hummerfischerei, heute zur wichtigsten Beute der Helgoländer Fischer aufgestiegen. Das Fleisch in seinen großen Kneifscheren, den „Kniepern", gilt als Köstlichkeit.

Auch die gestiegene Belastung des Meerwassers mit Schadstoffen, besonders mit Ölprodukten, könnte dazu

Konkurrent: Der Taschenkrebs sitzt ebenfalls gerne in den Felsspalten, die der Helgoländer Hummer nutzt.

beitragen, dass die empfindlichen Hummer nicht wieder zu ihrer einstigen Anzahl zurückfinden. Die langjährigen Bemühungen der Biologischen Anstalt Helgoland änderten daran nichts. Die Forscher entließen massenweise im Labor geschlüpfte Hummerlarven ins Meer, um den Bestand aufzupäppeln – vergebens. Die edlen Tiere sind eben heikel und vermehren sich nicht einfach so. Erst mit sechs Jahren werden die Weibchen geschlechtsreif. Sie lassen sich nur unmittelbar nach ihrer sommerlichen Häutung von einem nicht gehäuteten Männchen begatten. Dabei übergibt das Männchen ein Samenpaket, das erst ein Jahr lang aufbewahrt wird, bevor die Eier befruchtet und abgelegt werden. Ein weiteres Jahr trägt das Weibchen die vielen tausend Eier mit sich herum. Dann schlüpfen die Larven und schwimmen frei im Wasser. Nach sechs Häutungen lassen sich die Junghummer am Boden nieder. Sie wachsen langsam, häuten sich dabei noch viele Male und sind währenddessen besonders auf Höhlen und Spalten als Schutzräume angewiesen. Ein langer und gefährlicher Weg, bis schließlich ein großer edler Krebs tafelfertig vor uns auf dem Teller liegt.

Wohnung gesucht

Wenn Sie eine Schnecke ganz ungebührlich schnell und geschäftig im flachen Nordseewasser umherlaufen sehen, steckt bestimmt ein Krebs dahinter. Ein Einsiedlerkrebs, der seinen weichen, ungepanzerten Hinterleib am liebsten in einem leeren Schneckenhaus schützt. Diese Behausung ist stabil und tragbar zugleich. Und für optimalen Wohnkomfort hat der Krebs seine Form den Windungen des Gehäuses angepasst. Mit seinen ungleich großen Scheren kann er das Häuschen auch verriegeln. Auf vier Beinen läuft er, mit vier weiteren hält er sich an der Schneckenschale fest. Außerdem trägt sein aufgewundenes Endstück eine Reihe von winzigen Beinchen, die ständig frisches Wasser herbeifächeln, damit der Krebs durch die dünne Haut seines Hinterleibs atmen kann.

Zusätzlichen Schutz bieten ihm Stachelpolypen, die ihre Kolonien bevorzugt auf den Schneckenhäusern der Einsiedler gründen. Mit ihrer pieksigen Oberfläche und ihren giftigen Nesselkapseln schrecken sie manchen Feind ab. Im Gegenzug profitieren sie von den Beutezügen der Einsiedlerkrebse und fangen mit ihren Tentakeln die Tierchen, die dem Krebs entkommen konnten.

Das alles klingt nach einem sorgenfreien Dasein, wäre da nicht die Wohnungsnot. Nicht immer findet der Einsiedlerkrebs ein passendes Gehäuse in der gewünschten Größe.

Um groß zu werden, muss ein Einsiedlerkrebs mehrfach umziehen. Die größten Exemplare leben in den Gehäusen der Wellhornschnecke.

Und um wachsen zu können, muss er immer wieder umziehen. Wenn sich partout keine geeignete Wohnung finden lässt, hört der Krebs solange auf zu wachsen, bis das Angebot wieder besser ist. Vorübergehende Abhilfe schaffen die Stachelpolypen: Sie bilden eine feste Bodenplatte, die auch über den Mündungsrand des Schneckenhauses hinausragt – eine Art Veranda für den beengten Hausbesitzer.

Plattenbauten

Weiß leuchten sie uns von Hafenmolen, Holz- und Steinbuhnen entgegen: die Plattenbausiedlungen der Seepocken. Als Krebse outen sich diese in ihrem Haus festgewachsenen Wesen nur dem Eingeweihten. Dem, der ihre Entwicklung genau verfolgt, denn die jungen Seepocken zeigen die Merkmale von typischen Krebslarven. Und als solche schwimmen sie mehrere Wochen frei im Wasser herum, ehe sie eine schwerwiegende Entscheidung treffen: Wo lasse ich mich nieder? Ein für allemal, denn umziehen können die erwachsenen Seepocken nicht mehr. Ist der Würfel gefallen, heftet sich die Larve am Untergrund fest, hört auf zu fressen und beginnt, sich tiefgreifend zu verwandeln. Die junge Seepocke bildet ein Gehäuse aus lauter Kalkplatten. Sechs Beinpaare wachsen zu langen, gefiederten „Rankenfüßen“. Die streckt sie aus ihrer Behausung und filtert damit Nahrungsbröckchen aus dem Wasser. Unter der Lupe bietet sich ein anmutiges Schauspiel, wenn eine Seepocke rhythmisch ihre Rankenfüße wie einen zierlichen Fächer öffnet und wieder einzieht.

Bei Ebbe zeigt sich dann, welche Vorteile der Plattenbau hat: Sitzt die Seepocke vorübergehend auf dem Trockenen, schützt er – fest verschlossen – vor dem drohenden Wasserverlust. Erst wenn die Flut kommt, wagen sich die Tiere wieder hervor.

Bei einer so häuslichen Lebensweise gibt es Sex nur mit dem Nachbarn. Die meisten Seepocken sind Zwitter, das erhöht die Chance auf Nachwuchs, denn jeder kann mit jedem. Mit einem Penis überträgt ein Tier Spermien in die Mantelhöhle seines Nächsten. Dort werden die Eier befruchtet und bis zum Schlüpfen der Larven aufbewahrt. Der Jugend ist es dann vorbehalten, in die Ferne zu schweifen und neue Ufer zu erobern.

Plattenbauten: Dicht an dicht stehen die Kalkgehäuse der Seepocken.

Fangfächer: die Rankenfüße von Seepocken.

Die Seepockenlarve schwimmt frei im Wasser.

Im Schneckenhaus

Wir lieben beides: ihre harte Schale und ihren weichen Kern. Ihre Prachtbauten zieren Sammlungen in aller Welt, schlanke Frauenhälse und maritime Andenkenbuden. Ihr Perlenschimmer macht sie zu begehrten Preziosen. Wir schlürfen, kochen, brutzeln ihre weichen Körper. Doch sie sind mehr als ein Leckerbissen: Die Weichtiere, Schnecken, Muscheln, Tintenfische & Co., sind äußerst vielseitige Eroberer. Staunen Sie, was sich aus einem Kopf, einem Fuß und einem Mantel alles zaubern lässt!

Hinter Bernsteinklumpen stehen sie ganz oben auf der Hitliste von Strandwanderern und Sachensuchern: geschwungene Muschelschalen und gedrehte Schneckenhäuser in prächtiger Formen- und Farbenvielfalt. Mit etwas Glück finden Sie ein intaktes Gehäuse der großen Wellhornschnecke am Strand. Häufiger sind die geriffelten Schalen der Herzmuscheln und die glatten, langen der Schwertmuscheln. Wenn Sie aber am Deichrand oder auf Ufersteinen dichtgedrängt die graubraunen Häuschen der Strandschnecken sehen: Sammelfinger weg! Denn die sind bewohnt. Auch wenn das Wasser in weite Ferne entschwunden ist, bleiben die zähen kleinen Meeresschnecken sitzen, das Gehäuse fest zugedeckelt, und harren geduldig aus, bis die Flut wieder heranschwappt. An der Küste sind sie fast allgegen-

Muscheln am Strand (rechts) sind beliebte Urlaubsmitbringsel. Die exotischen Muscheln und Schneckenhäuser aus den Andenkenbuden (unten) sollte man lieber liegen lassen. Sie sind nur deshalb so makellos, weil die Tiere für ihre leeren Gehäuse sterben mussten. Darunter können auch gefährdete Arten sein.

Strandschnecken sitzen fast überall an der Küste – nur nicht am Sandstrand, denn sie haben gerne festen Boden unter ihrem Kriechfuß.

wärtig – sitzen auf allem, was festen Halt bietet: auf Steinen, Holzbuhnen, Algenbüscheln, Miesmuscheln. Und das in teils ungeheurer Anzahl. Manchmal versammeln sich mehrere tausend Tiere auf einem Quadratmeter Miesmuschelbank. Dort weiden die Schnecken den mikroskopisch kleinen Aufwuchs von den Muschelschalen ab wie die Kühe das Gras auf der Wiese.

Strandschnecken gehören zum Stamm der Weichtiere. Und als solche haben sie – dem Namen zum Trotz – eine harte Schale, die ihr weiches Innenleben schützt. Außerdem einen Kopf, einen Fuß und einen Mantel, der ihre Eingeweide umhüllt. Diesen Bauplan haben sie alle verinnerlicht – Schnecken, Muscheln, Tintenfische – und ihn je nach Bedarf abgewandelt. Was die Strandschnecke daraus gemacht hat, erkennt jedes Kind: einen Kopf mit Augen und Fühlern, die neugierig aus einem spiralförmigen Haus hervorlugen. Für uns gewöhnungsbedürftig: Der Kopf sitzt direkt auf dem großen, muskulösen Kriechfuß. Ihre Eingewei-

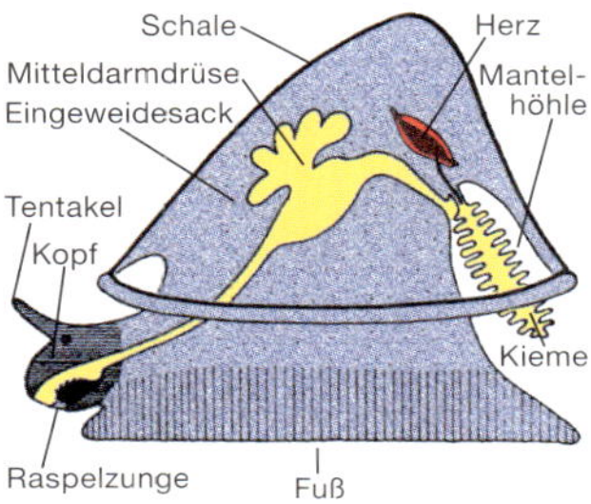

Schematischer Schnitt durch eine Schnecke. Bei Gefahr kann sie sich vollständig in ihr schützendes Haus zurückziehen.

de trägt die Schnecke hinter dem Kopffuß in einem aufgewundenen Sack, der genau in die Spirale ihres Gehäuses passt.

Der Mantel umgibt die Eingeweide. Sein Rand steht etwas über und bildet vorne eine Höhle, in der die Kiemen sitzen. Außerdem produziert der Mantel die vielfältigen Schalen der Weichtiere. Sie sind aus zwei Kalkschichten aufgebaut, die von einer widerstandsfähigen Hülle aus Proteinen geschützt werden. Die innere Schicht ist das schimmernde Perlmutt. Für das interessieren sich übrigens nicht nur die Hersteller von Hemdenknöpfen und Modeschmuck, sondern auch Materialforscher. Denn Perlmutt ist stabil, umweltfreundlich und seewasserbeständig – Eigenschaften, die auch für manche Werkstoffe wichtig sind.

Typisch für die Weichtiere ist außerdem ihre Raspelzunge. Bei den Schnecken ist sie mit kleinen Zähnen besetzt und endet in einem aufgerollten Band, das in der Mundhöhle liegt und mit jeder Menge Zahnersatz bestückt ist. Denn die Zähne nutzen schnell ab, wenn sie den nahrhaften Algenbelag vom harten Untergrund schaben. Aber nicht alle Schnecken raspeln sich auf diese Weise durchs Leben. Einige haben ihren Zahnapparat so umgebildet, dass er zum Anbohren von Seepocken oder Muscheln taugt, die sie anschließend ausfressen. Die Kegelschnecken haben Giftpfeile daraus gemacht, die sogar Fische töten.

Schnecken tragen ihren Kopf auf dem Fuß.

Global Player auf Kriechfuß

In puncto Überlebensstrategie lässt sich von Schnecken einiges lernen. Wie werde ich ein erfolgreicher „Global Player“? Strandschnecken machen es vor. Jede Art auf ihre Weise. Die Essbare Strandschnecke beispielsweise ist mobil, flexibel, anspruchslos und nirgends verwurzelt. Demzufolge begegnet man diesen Schnecken überall an der Küste – und überall sehen sie gleich aus. Eine ähnliche Strategie verfolgen auch große Fastfood-Ketten. Aber warum unterscheiden sich die einzelnen Schneckenpopulationen weder äußerlich noch genetisch voneinander? Ihre Eier und Larven treiben mehrere Wochen lang in den Meeresströmungen. Dadurch ist der Austausch groß – auch zwischen weit voneinander entfernten Schneckenpopulationen. Die Art kann

Überall zuhause: Die Essbare Strandschnecke siedelt auch im Watt, wo sie fester Halt auf Algen oder Muschelschalen sucht.

sich mühelos verbreiten und fast überall im Gezeitenbereich Fuß fassen.

Ganz anders schlägt sich eine nahe Verwandte, die Raue Strandschnecke, durch den Kampf ums Dasein. Sie sitzt gern auf festem Boden in der Zone zwischen Land und Meer und ist bei uns weit weniger zahlreich als die Essbare Strandschnecke. Ihre eigentliche Heimat sind Felsküsten. In England beispielsweise ist sie ein Klassiker für Ökologen: Je nach Standort – Brandungskliff oder geschützter Felsstrand – bildet die Raue Strandschnecke speziell angepasste „Ökotypen", die sich sowohl äußerlich als auch genetisch deutlich voneinander unterscheiden. Das kann sie, weil ihre Eier so lange im Brutraum der weiblichen Tiere bleiben, bis fertig entwickelte Schnecken daraus hervor kriechen. Daher kann sich eine Schneckenpopulation über Generationen hinweg optimal an einen Standort anpassen. Jedes „Dorf" ist anders und der Austausch zwischen Dorfgemeinschaften gering.

Im Wattenmeer jedoch erweisen sich diese eigentlich so

Die Raue Strandschnecke kann ganz unterschiedliche Gehäuseformen bilden.

heimatverbundenen Dörfler als moderne Nomaden. Hier lebt die Raue Strandschnecke an Deichkanten, Ufermauern, Buhnen, Seegras – lauter Standorte, die keineswegs so felsenfest und unveränderlich sind wie die englische Küste. Auch die Raue Strandschnecke muss also flexibel und mobil sein. Und das ist sie: An einem frisch gebauten Deichabschnitt beispielsweise gründet sie problemlos eine neue Kolonie. Ihr Trick: Eine einzige weibliche Schnecke, die vom Wellenschlag losgerissen und an ein neues Ufer getrieben wird, reicht dazu aus. Über ein Jahr lang kann sie Sperma speichern und mehrere hundert Nachkommen produzieren. Außerdem hilft eine weitere Eigenheit den Wattenmeerpopulationen: Sie passen sich bei weitem nicht so an ihren jeweiligen Standort an wie ihre Felsküstenverwandten. Das macht es ihnen leichter, sich auch anderswo niederzulassen. Kein schlechtes Motto – auch für Unternehmen: den regionalen Besonderheiten gerecht werden, aber bei Bedarf flexibel auf Veränderungen reagieren.

Bei weitem nicht so flexibel ist eine dritte Art, die Flache Strandschnecke. Sie lebt ausschließlich auf großen Braunalgen. Dort legt sie auch ihre Eigelege ab, aus denen fertige Jungschnecken kriechen. Wird sie aus ihrem Algenwald gespült, hat sie nur eine Chance, wenn sie einen neuen findet. Ihre Ansprüche sind eben speziell. Neue Standorte kann sie nur schwer erobern – schlechte Karten also im globalen Wandel.

Der richtige Riecher

Ihrer feinen Spürnase entgeht nichts: Mit einem langen „Schnorchel“ wittert die Wellhornschnecke Beute schon von weitem. Hat sie ihr Opfer erreicht, fährt sie aus dem Schlund einen Rüssel aus, dessen Spitze mit einer scharfen Raspelzunge bewehrt ist. Damit kann sie selbst Muschelschalen und Krebspanzer vollständig ausfressen. Auch Aas und kranke Tiere stehen auf ihrem Speisezettel. Als „Gesundheitspolizei“ sorgen die Wellhornschnecken für Sauberkeit am Meeresgrund.

Vom Strand aus lassen sich ihre Beutezüge allerdings nicht beobachten: Die Schnecken leben in tieferen Gefilden. Mit etwas Glück findet man aber ihre mit Wellenmustern verzierten Gehäuse im Sand. Ebenso ihre faustgroßen

Eiballen. Die enthalten Tausende von Eiern, aus denen jedoch nur wenige junge Schnecken schlüpfen – der Rest dient dem Nachwuchs als Nahrung. In der Sonne trocknen die Eiballen aus und fühlen sich dann wie Pergamentpapier an. Mit diesen „Seeseifenkugeln" haben sich Fischer früher die Hände gereinigt.

Wenn Sie ein intaktes Wellhornschneckenhaus finden und es ans Ohr halten, können Sie das Meer rauschen hören – zumindest in Ihren Fernweh-Fantasien. In Wirklichkeit hören Sie das Rauschen des Blutes im Ohr, das durch das hohle Schneckengehäuse verstärkt wird. Neben Strandwanderern sind auch Einsiedlerkrebse ganz erpicht auf leer stehende Häuser der Wellhornschnecken. Denn die sind so geräumig, dass auch große Krebse einziehen und sich wohl fühlen können.

Wellhornschnecken laichen Tausende von Eiern ab. Am Strand werden häufig leere Gehäuse und Eiballen angespült.

Pantoffelhelden

Eine lebende Pantoffelschnecke sieht weder aus wie eine Schnecke noch wie ein Pantoffel. Eher wie eine Muschel mit einer bauchigen Schale. Erst die leeren Gehäuse, die häufig am Strand zu finden sind, offenbaren, wie die Schnecke zu ihrem Namen kam: Von unten sieht ihre Behausung tatsächlich aus wie ein kleiner Pantoffel. Auch sonst ist diese Schne-

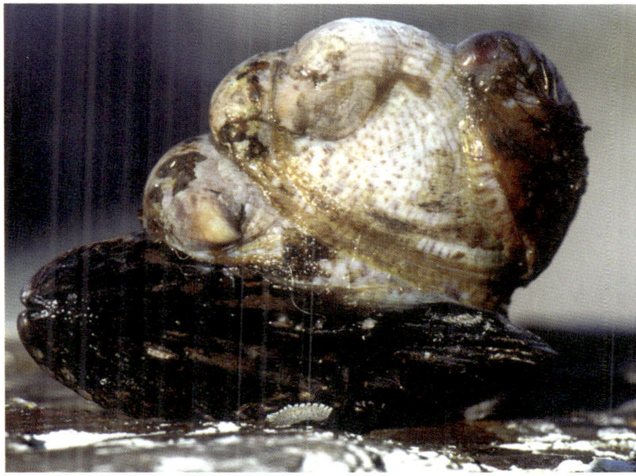

Schneckenturm: Pantoffelschnecken bilden eine Paarungskette.

Von unten betrachtet, sieht das leere Gehäuse der Pantoffelschnecke aus wie ein kleines Pantöffelchen.

cke anders als andere. Statt den Boden abzuweiden, baut sie ein Netz aus Schleim, mit dem sie kleine Schwebeteilchen aus dem Wasser filtert. Statt sich auf ein Geschlecht festzulegen, probiert sie beide: Ihr Sexleben beginnt als Männchen, das sich später in ein Weibchen verwandelt. In „Paarungsketten" sitzen kleine Männchen auf großen Weibchen und sorgen für Nachwuchs.

Ursprünglich stammt die Pantoffelschnecke aus Nordamerika und wurde mit importierten Zuchtaustern in die Nordsee eingeschleppt. Im Wattenmeer siedelt sie vor allem auf Miesmuschelbänken. Und hat sich gut etabliert – wie gut zeigen die vielen Pantöffelchen am Strand.

Freikörperkultur

Nacktschnecken verzichten auf ein massives Gehäuse, um unbeschwert schwimmen zu können. Stattdessen präsentieren sie ihre Weichkörper im Designermantel: bunt und auffallend. Die Gestreifte Hörnchenschnecke etwa kombiniert ihr milchweißes Outfit mit neongelben „Hörnchen" und Flicken. Sie durchstreift die Algenwälder vor Helgoland und knabbert die darauf wachsenden Moostierchen an. Ebenfalls dort anzutreffen: echte Hippies mit wallenden Fransen in rot oder lila, die Fadenschnecken. Ihre bunte Tracht warnt:

Die nackte Pracht: Hörnchenschnecke, Fadenschnecke und Meerzitrone.

Vorsicht, ich bin ungenießbar – versuch erst gar nicht, mich zu schlucken. Was dem blüht, der es dennoch probiert, demonstriert besonders eindrucksvoll die Meerzitrone: Wird sie angegriffen, sondert diese Nacktschnecke ein Sekret ab, das so extrem sauer ist wie unser Magensaft. Selbst ein hungriges Maul speit einen so üblen Brocken ganz schnell wieder aus! Die Meerzitrone setzt allerdings nicht auf Warn-, sondern auf Tarnfarben. Ihr Mantel ist unregelmäßig gelb, braun, rot, grünblau gefleckt und macht die Schnecke auf Felsen und im Algenwald nahezu unsichtbar.

Klappe!

Muscheln müssen nicht auf ihr Gewicht achten: Sie leben am oder im Meeresboden. Daher haben sie sich schwere Klappen zugelegt. Gleich zwei, die als harte Schale den gesamten Weichkörper umschließen. Schalenklappen sind praktischer als ein Schneckenhaus, will man in Sand und Schlick graben und im Verborgenen hausen. Und genau das wollen die meisten Muscheln. Dazu haben sie die Grundausstattung der Weichtiere – Kopf, Fuß und Mantel – zweck-

Der „Schnorchel“ mit Ein- und Ausstromöffnung verrät: Hier haust eine Muschel im Untergrund.

Die Kammmuscheln können mit ihren Schalenklappen auch schwimmen. Am Mantelrand tragen sie lauter kleine Augen.

mäßig umgebaut. Ihren muskulösen Fuß strecken sie aus der Schale, um damit zu graben. Ihren Kopf haben sie zurückgebildet. Ihre Sinne sitzen stattdessen am Mantelrand, der mit der Außenwelt Kontakt hält. Der Schweresinn befindet sich im Fuß. Muscheln ernähren sich „trinkend“: Statt wie die Schnecken mit einer Raspelzunge Algen abzuweiden, strudeln sie Wasser in ihren Körper hinein und filtern Schwebeteilchen heraus. Dazu benutzen sie ihre großen, spezialisierten Kiemen. Sie öffnen ihre Schalenklappen einen Spalt breit, Millionen schlagender Wimpern erzeugen einen Wasserstrom, aus dem die netzartigen Kiemenspalten Sauerstoff zum Atmen und winzige Planktonalgen fischen. Letztere werden anschließend auf Förderbändern zur Mundöffnung verfrachtet, gegessen und verdaut. Das abfließende Wasser spült auch den Abfall der Muschel mit sich fort.

Das Muschelinnere ist also eine einzige große Filterkammer, die vom Mantel und den beiden Schalenklappen umschlossen wird. Das Wasser fließt durch eine Öffnung in den Körper hinein, strömt durch die Kiemen und durch eine zweite Öffnung wieder hinaus. Bei den grabenden Muscheln ist der Mantelrand an den beiden Öffnungen zu langen „Schnorcheln" verwachsen. Sie ragen aus der Schale heraus bis an die Bodenoberfläche, um Wasser ein- und auszustrudeln. Dem Wattwanderer verraten nur die kleinen und großen Löcher in Sand und Schlick, wo sich Herzmuscheln, Tellmuscheln, Pfeffer- oder Sandklaffmuscheln verstecken.

Ein Fuß mit Super-Haftkraft

Weithin sichtbar hingegen sind die Miesmuscheln: Sie siedeln dicht an dicht auf der Wattoberfläche und bilden große Bänke. Dass eine Miesmuschel selten allein bleibt, liegt an der unglaublichen Haftkraft ihrer Klebfäden, die sie mit einer besonderen Drüse am Fuß produziert. Mit dem Superkleber heftet sie sich an Steine, Holzpfähle oder die Schalenklappen ihrer Artgenossen. So verspinnen sich unzählige Miesmuscheln nach und nach zu langen Girlanden und schließlich zu großen Bänken. Wie gut ihr Kleber hält, zeigt der Versuch, eine einzelne Miesmuschel aufzuheben: Meist

Miesmuscheln können im Wattenmeer große Bänke bilden, die bei Ebbe trocken fallen.

An den Klebfäden der Miesmuscheln bleibt allerlei haften.

hängt an ihr nicht nur ein ganzer Muschelklumpen, sondern auch leere Schalenklappen, Schneckenhäuser, Steine und Algenbüschel. Das inspiriert auch Materialforscher: ein umweltfreundlicher Klebstoff auf Eiweißbasis, der sogar im Seewasser bestens haftet.

Bei Flut leitet die Miesmuschel einen ständigen Wasserstrom durch ihr Inneres und filtert Planktonalgen und Schwebstoffe heraus. Die Filtrierleistung ist enorm: Bis zu 20 Liter strömen täglich durch die Kiemen einer einzigen Miesmuschel. Und auf einer Muschelbank siedeln tausende von ihnen! Sobald jedoch das Wasser abläuft, sind diese „Filterpumpen" des Wattenmeeres stillgelegt. Die Miesmuscheln klappen ihre Schalen fest zu und stellen ihren Stoffwechsel auf Sparflamme. Die Zahl der Herzschläge sinkt, die Muscheln ruhen in einer Art „Ebbeschlaf", aus dem sie erst erwachen, wenn die Flut sie umspült. Um die Zwangspausen bei Niedrigwasser zu umgehen, legen die Muschelfischer ihre Kulturen nur auf ständig wasserbedeckten Flächen an. Dort wachsen die jungen Besatzmuscheln, die von den Wildbänken im Wattenmeer abgefischt werden, schnell auf eine marktfähige Größe von fünf Zentimetern heran und die begehrten „Meeresfrüchte" können abgeerntet werden.

Besonders schützenswert sind die Miesmuschelbänke im Wattenmeer vor allem deswegen, weil sie mehr als hundert verschiedenen Tier- und Algenarten festen Halt im weichen Schlick bieten – also Oasen der Artenvielfalt sind für all jene Meereslebewesen, die stabilen Siedlungsgrund brauchen. Häufig leben auf den Muschelbänken große Algen wie der Blasentang, außerdem Seepocken, Strand- und Käferschnecken, See-Anemonen, kleine Polypenstöcke, Strandkrabben sowie Unmengen umherwimmelnder Flohkrebse. Heutzutage ist diese Wohngemeinschaft international. So findet man beispielsweise auf den Miesmuschelbänken im Sylter Wattenmeer amerikanische Pantoffelschnecken, australische Seepocken, japanischen Beerentang und „Original Sylter Austern", die aus Japan importiert und im Wattenmeer gemästet werden. Austernlarven können mit der Strömung aus den Kulturen treiben und sich andernorts auf festem Untergrund ansiedeln. Daher lassen sich die asiatischen Zuchtaustern der Marke „Sylter Royal" auch wild auf den Miesmuschelbänken bewundern.

Unter Wasser öffnen die Miesmuscheln ihre Schalenklappen und filtern Plankton.

Sylter Royal

Sogar zur Zarin Katharina II. im fernen St. Petersburg versandten die Sylter einst ihre Austern. Das Geschäft mit den begehrten Schalentieren blühte, bis Mitte des 19. Jahrhunderts der Nachwuchs auf den Austerngründen nicht mehr mit dem Verkauf Schritt halten konnte. Schon damals warnte der Zoologe Karl Möbius vor Raubbau an den natürlichen Beständen. Wenn die Austernbänke dauernd ertragsfähig bleiben sollten, schrieb er 1877 in seiner Studie über „Die Auster und die Austernwirthschaft" dürfte das jährliche Maß ihrer Befischung nicht nach den Ansprüchen der Konsumenten und der Höhe der Austernpreise bestimmt werden, sondern nach der Menge des Nachwuchses. Diese einfache Wahrheit gilt damals wie heute. Und wird – damals wie heute – wenig beherzigt. Andernfalls wären die Bestände vieler Meerestiere, allen Sonntagsreden über „nachhaltige Nutzung" zum Trotz, nicht so hoffnungslos überfischt.

Auch den Sylter Austernbeständen nützten die Warnungen und Empfehlungen des Ökologen Möbius nichts mehr: Strenge Winter zu Beginn des 20. Jahrhunderts besiegelten das Schicksal der einstmals profitablen Sylter Austerngründe endgültig. Alle darauf folgenden Versuche, die heimische Europäische Auster wieder anzusiedeln, schlugen fehl. Erst die aus Japan eingeführte Pazifische Auster brachte kom-

Von der heimischen Europäischen Auster findet man heute nur noch leere Schalen am Strand.

In Drahtkäfigen wird die Pazifische Auster im Sylter Watt gezüchtet. Doch unzählige „Ausreißer“ wachsen heute wild auf Miesmuschelbänken.

merziellen Erfolg. Sie wird seit Mitte der 1980er Jahre im Sylter Watt kultiviert. Allerdings hielt es die Austern nicht in ihren Käfigen: Sie breiteten sich mit Hilfe ihrer frei schwimmenden Larven im gesamten Sylter Wattenmeer aus. Die Larven lassen sich auf hartem Untergrund nieder, „zementieren“ sich fest und beginnen ihre Verwandlung zur beschalten Delikatesse. Mittlerweile beherbergen einige Miesmuschelbänke bei Sylt bis zu dreihundert asiatische Austern pro Quadratmeter – eine echte Invasion. Und auch in anderen Regionen sind die Einwanderer auf dem Vormarsch: 1998 erreichten sie die ostfriesische Küste und 2003 die Hochseeinsel Helgoland.

Herzig und lecker

Nicht zu übersehen: Die gerippten Schalenklappen der Herzmuscheln liegen zuhauf am Strand, verzieren Sandburgen und Urlaubsmitbringsel. Die lebenden Tiere hingegen verkriechen sich lieber. Sie graben sich einige Zentimeter tief in den Wattboden ein und halten nur über zwei „Schnorchel“ Kontakt zur Oberwelt. Beliebte Show-Einlage bei Wattführungen: Eine Herzmuschel ausgraben, auf den Boden legen und warten. Was passiert? Die Muschel öffnet vorsichtig ihre Klappen, streckt ihren langen Fuß heraus und

Herzmuschelschalen als Sandburg-Dekoration.

wühlt sich mit ruckartigen Bewegungen schleunigst wieder in den Sand. Eile ist auch dringend geboten, denn Herzmuscheln sind lecker und eine begehrte Beute. Krebse, Fische und Vögel räubern in den unterirdischen Muschelsiedlungen mit den Paella-Fischern um die Wette.

Kopffüßer

So richtig gezaubert mit Kopf und Fuß der Weichtiere haben die Kopffüßer, besser bekannt als Tintenfische. Sie sind den Wirbeltieren in mancherlei Hinsicht verblüffend ähnlich: Eine feste Schädelkapsel schützt ihr hoch entwickeltes Gehirn. Ihre großen Augen sind wie die unsrigen mit Linse und Iris ausgestattet. Ihr kräftiger Kiefer gleicht einem Papageienschnabel. Zusätzlich hilft eine Raspelzunge beim Zerkleinern der Nahrung. Ihr Fuß hat sich in mehrere kräftige Arme verwandelt, mit denen sie Beute ergreifen und mit einem speziellen „Geschlechtsarm" auch ihr Sperma übertragen. Der hintere Teil des Fußes ist wie ein Trichter geformt, durch den sie Wasser aus der Mantelhöhle pressen und mit diesem Rückstoßantrieb schwimmen. Kopf und Fuß machen den Kopffüßern also alle Ehre. Ihr Rumpf hingegen ist nicht mehr als ein Sack voll Eingeweide.

Die harte Schale der Weichtiere tragen nur die altertümlichen Gruppen der Kopffüßer. Die gigantischen Gehäuse der Ammoniten etwa blieben als Versteinerungen über Jahrmil-

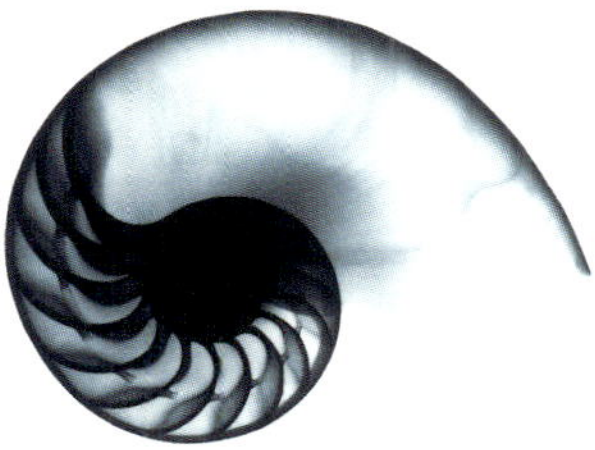

Die Röntgenaufnahme macht die Gehäusekammern sichtbar, mit denen der Nautilus seinen Auftrieb reguliert.

lionen erhalten. Ein „lebendes Fossil" ist Nautilus, das Perlboot. Es schwimmt noch heute im Indopazifik. Seine gekammerte Schale, die innen aus schimmerndem Perlmutt besteht, macht Nautilus zur begehrten Beute von Andenkenjägern. Billige Profitgier ist heute drauf und dran, die Perlboote auszurotten – das hat die Evolution in Millionen von Jahren nicht geschafft!

Aber noch leben sie und manövrieren mit einem ausgeklügelten Auftriebsprinzip durchs Wasser. Von der äußeren Gehäusekammer, in der das Tier wohnt, ragt ein Schlauch in die hinteren mit Gas gefüllten Kammern. Diese kann Nautilus fluten und genau den Auftrieb herstellen, den er braucht, um in der gewünschten Wassertiefe zu schweben. Mit etwa 90 Fangarmen packt er seine Beute. Sein horniger „Papageienschnabel" kann sogar Krebspanzer knacken.

Die „modernen" Kopffüßer haben ihre Schale zurückgebildet, um schneller voranzukommen. Die Zahl ihrer Arme ist begrenzt: auf zehn bei den Sepien und Kalmaren und auf acht bei den Kraken. Gleichzeitig entwickeln sich die bei Nautilus noch einfachen Blasenaugen zu leistungsfähigen Linsenaugen. Zu ihren feinen Sinnen und dem großen Gehirn gesellen sich kräftige Muskeln und ein fast geschlossener Blutkreislauf, der schnell Energie- und Sauerstoffnachschub liefert. Diese Weichtiere sind äußerst erfolgreiche Jäger, die es allemal mit den Wirbeltieren aufnehmen können.

Tintenschreck

Beim Gemeinen Tintenfisch, der Sepia, ist ein kleiner Schalenrest als „Schulp" erhalten. Ein ovales Blatt aus porösem Kalk, das häufig an den Nordseestrand gespült wird. Stubenvögel wetzen an dem Schulp ihre Schnäbel. Dem Tintenfisch bietet er Auftrieb und dient als Ansatzfläche für Muskeln. Die Haut der Sepia ist mit beweglichen Farbstoffzellen versehen. Ziehen sich diese zusammen oder breiten sich aus, wechselt das Farbenspiel und das Tier passt sich täuschend echt dem jeweiligen Untergrund an. Gut getarnt liegt es im Sandboden auf der Lauer. Sichtet der Tintenfisch eine Beute, pirscht er sich vorsichtig heran, zwei lassoartige Fangarme greifen das Opfer, acht kürzere halten es fest, mit kräftigen Schnabelhieben wird es gelähmt und zerteilt.

Strandfund: Der Schulp eines Tintenfisches.

Im Wasser sind die Tintenfische in ihrem Element.

Bekannt sind die Tintenfische vor allem wegen ihrer Tinte. Die stoßen sie bei Gefahr aus, vernebeln dem Feind die Sicht und suchen ihr Heil in der Flucht. Als „Sepia“ ist die dunkelbraune Farbe auch in der Palette der Maler vertreten.

Tintenfische sind geschickte Jäger mit hoch entwickelten Sinnesorganen.

Legenden der Tiefsee

Sie hausen in den Tiefen des Weltozeans, mit Augen so groß wie Fußbällen und Armen so lang, dass sie zwei Fußballtore nebeneinander damit verteidigen könnten: die Riesenkalmare. Viel Seemannsgarn rankt sich um „vielarmige Monster", die Segelschiffe ergriffen und in die Tiefe gerissen haben sollen. 1857 haben Biologen das vermeintliche Fabelwesen „enttarnt" und als gigantischen Kopffüßer namens Architheutis beschrieben. Doch nach wie vor ist unser Wissen über diese größten Weichtiere der Erde spärlich und aus zweiter Hand: Manchmal stranden die legendären Riesen, oder landen in Netzen der Tiefseefischerei. Außerdem kämpfen sie mit Pottwalen, die ihnen bis in tausend Meter Tiefe nachstellen und tiefe Narben von den tellergroßen Saugnäpfen ihrer wehrhaften Beute davontragen. Doch Expeditionen, die auszogen, um die Riesenkalmare in ihrem Lebensraum – der Tiefsee zwischen 300 und 2000 Metern – zu beobachten, blieben zumeist erfolglos. Und so wissen wir nicht viel – außer, dass sie zum menschenverschlingenden Ungeheuer nicht taugen. Sie ernähren sich hauptsächlich von Fisch und kleineren Tintenfischen. Und in höhere Wasserschichten kommen sie nur, um sich fortzupflanzen oder, wenn sie sterben.

Unterwasser-Igel

Haben Sie je versucht, einen lebenden Seeigel vom Boden aufzuheben? Autsch! Die pieksige Kugel ist unverkennbar ein Stachelhäuter. Ebenso Seesterne, Seegurken, Schlangen- und Haarsterne. Stachelhäuter laufen auf Wasserschläuchen, reparieren fast alles und verzichten auf einen Kopf. Fünf ist ihre magische Zahl. Sie sind so anders – fast außerirdisch. Und doch an jeder Küste zu finden. Begehrte Strandtrophäen: die kunstvollen Schalen der Unterwasser-Igel.

Zerbrechliches Schmuckstück: leere Schale eines Strandseeigels.

Vorsicht zerbrechlich! Die leeren Schalen der Strandseeigel sind dünn und durchlöchert – selbst, wenn sie heil an den Strand gespült werden. Aber sie sind echte Schmuckstücke: jadegrün, kreisrund, oben und unten abgeplattet und mit lauter kleinen Höckern verziert, auf denen beim lebenden Tier die Stacheln sitzen. Dazwischen sind fünf Doppelreihen feiner Löcher gestanzt. Durch diese strecken die Seeigel ihre Wasserfüßchen, auf denen sie laufen und klettern. Für uns Zweibeiner ein ganz und gar ungewöhnliches System der Fortbewegung. Die Füßchen sitzen an wassergefüllten Schläuchen, die den ganzen Körper durchziehen, und funktionieren hydraulisch. Muskeln pressen Wasser hinein und ein Saugnapf an ihrem Ende sorgt für festen Halt am Boden. Je nach Bedarf nutzen die Stachelhäuter ihre

Strandseeigel schützen sich mit Stacheln.

Schematischer Schnitt durch einen Seeigel. Das Wassergefäßsystem gibt den Füßchen die nötige Standfestigkeit.

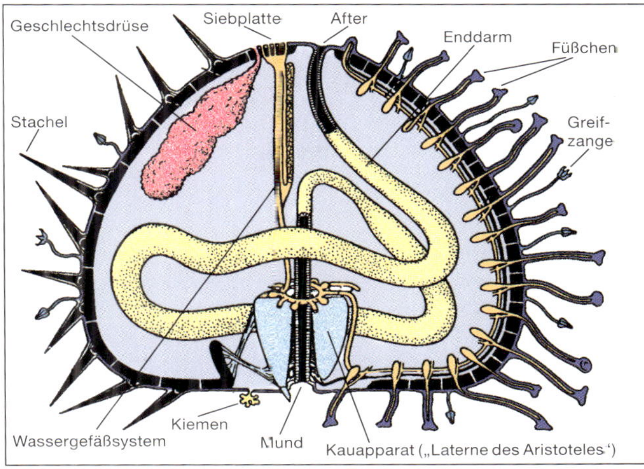

Füße auch als Hände – die räuberischen Seesterne etwa halten damit ihre Beute fest. Außerdem atmen sie auch durch die dünne Haut dieser Allzweck-Anhängsel an ihrem Körper. Das Patent ist streng geschützt: Außer den Stachelhäutern nutzt niemand ein solches Wasserschlauchsystem.

Strandseeigel schieben sich auf ihren Wasserfüßchen wie kleine Bulldozer über steinigen Grund und fressen alles, was ihnen in die Quere kommt: Algen und allerlei festsitzende, kleine Tiere. Ihr Gebiss, die „Laterne des Aristoteles", wurde schon von dem griechischen Philosophen beschrieben und ist ebenso ungewöhnlich wie der Name. Fünf lange, nachwachsende Nagezähne stehen zu einem Kegel zusammen. Jeder Zahn ist in einem eigenen keilförmigen Kiefergerüst verankert und durch Muskeln beweglich. Die Form dieses Kauapparats ähnelt tatsächlich einer Laterne – nur, dass statt einer Glühbirne in der Mitte der Schlund des Seeigels sitzt.

Ein vorderes und ein hinteres Ende haben die Seeigel nicht – auch keinen Kopf, der bestimmt, wo es lang geht. Daher weiß man nie, welche Richtung sie als nächstes einschlagen werden. Immerhin gibt es eine Ober- und eine Unterseite: Oben mündet der After und unten sitzt der Mund mitsamt der Zahnlaterne. Statt eines Gehirns schließt sich ein Nervenring um den Schlund, von dem die einzelnen Nerven abzweigen. Sinneszellen nehmen Reize aus der Umwelt wahr – echte Sinnesorgane fehlen. Besonders schnell und reaktionsfähig sind die unterseeischen Igel mit dieser Ausstattung nicht. Stattdessen bieten sie mit ihren spitzen – teils sogar giftigen – Stacheln den Angreifern Paroli.

Spektakulär ist die Verwandlung der Stachelhäuter beim Erwachsenwerden. Es beginnt wie immer: Genau wie viele andere Meerestiere spritzen auch Seeigel, Seesterne und Co. ihre Eier und Spermien ins Meer und sorgen sich nicht um die weitere Entwicklung. Die Larven sind bizarr, vielzipfelig und haben nicht die geringste Ähnlichkeit mit ihren Eltern. Sie haben zwei gleiche Körperhälften – genau wie wir. Aber sobald sie sich am Boden niederlassen, beginnt ein Total-Umbau. Am Ende ist der Seeigel kreisrund wie eine Torte und lässt sich in fünf gleiche Stücke teilen. Jedes enthält eine Doppelreihe Wasserfüßchen. Gleiches gilt für die Seesterne mit ihren fünf Armen und für die übrigen Gruppen. Fünf ist die magische Zahl der Stachelhäuter.

Schwebewesen: Larve eines Seesterns.

Herzen im Sand

Herzigel haben sich sozusagen nachträglich ein Vorder- und Hinterende zugelegt. Sie leben im Untergrund. Und beim Graben in Schlick und Sand hilft ein lang gestreckter Körper, der sich in eine Richtung voranbewegt – ansonsten

Leben im Untergrund: Herzigel graben in Schlick und Sand.

bleibt man stecken und dreht sich hilflos im Kreis. Der Mund ist beim Herzigel daher vorne. Auch ihr Outfit haben sie der unterirdischen Lebensweise angepasst: Die Stacheln sind kurz und dicht an die Schale gekämmt. Mit ihrer Hilfe fräst sich der Herzigel durch den Meeresboden. Die vorderen Stacheln schaufeln den Sand weg, die Stacheln an den Flanken schieben ihn nach hinten und den grabenden Igel nach vorn. Die Wasserfüßchen hingegen finden in weichem Boden keinen Halt und taugen nicht zur Fortbewegung. Stattdessen fungieren die Füßchen rund um den Mund als Greifwerkzeuge: Sie tasten die Umgebung nach Essbarem ab und packen kleine Schnecken, Muscheln, Krebschen und Würmer. Andere befestigen als „Kittfüßchen" die Wände von Atemröhre und Wohnhöhle. Mancherorts leben ganze „Herden" von Herzigeln im Sand vergraben. Ihre zerbrechlichen weißen Gehäuse sind filigrane Kunstwerke, die man leider nur selten heil am Strand findet.

Gefräßige Sterne

Eine Miesmuschel auf ihrem letzten Weg: Wir fischen sie aus dem Weinsud, löffeln ihr Fleisch aus der Schale, stecken es in den Mund, kauen und schlucken. Der Happen landet im Magen und wird verdaut. Nicht so bei den Seesternen. Sie verspeisen mit Vorliebe Miesmuscheln – aber anders: Mit ihren Saugfüßchen heften sie sich fest an die Schalenklappen der Muschel und ziehen sie mit ihren kräftigen Armen auseinander. Dann stülpen sie ihren großen, beweglichen Magen durch die Mundöffnung nach außen und direkt in das geöffnete Weichtier hinein. Vor Ort verdauen sie das Muschelfleisch und ziehen erst dann ihre Eingeweide wieder aus der leeren Schale zurück. Gerne räubern sie auch auf den Muschelkulturen im Wattenmeer. Geschädigte Fischer sollten sich allerdings davor hüten, die Seesterne in blinder Wut kurz und klein zu hauen. Denn Stachelhäuter sind extrem regenerationsfähig: Aus jedem abgeschlagenen Arm, an dem noch ein Stück der Körperscheibe hängt, kann ein neuer Seestern wachsen.

Wenn Sie einen Seestern in die Hand nehmen, erstarrt der förmlich vor Schreck. Denn bei Gefahr ziehen die Seesterne blitzschnell alle Muskeln zwischen den vielen kleinen Skelettplättchen in ihrer Haut zusammen. Sofort wird der

Schlemmerbuffet: Der Gemeine Seestern frisst mit Vorliebe Miesmuscheln.

Strahlende Schönheit: Der Sonnenstern prangt am Meeresgrund.

biegsame Körper ganz hart und steif. Setzen Sie den Seestern ins Wasser zurück, wird er sich wahrscheinlich schleunigst davonmachen. Dazu pumpt er Wasser in seine Füßchen und schreitet von dannen. Ein Arm übernimmt das Kommando und gibt die Marschrichtung vor. Will der Seestern abbiegen, bekommt der Arm die Führung, der in die gewünschte Richtung weist. Allerdings sind Seesterne eher träge und keine begeisterten Fußgänger.

Schlangenhäupter

Gar nicht träge sind ihre Verwandten: die Schlangensterne. Ihre fünf Arme sind schlank und beweglich – wie kleine Schlangen, die um eine Scheibe gruppiert sind. Um sich fortzubewegen, schleudern sie gegenüberliegende Arme schwungvoll nach vorne, verankern die Armspitzen im Untergrund und stemmen ihren Körper mit einem Ruck hinterher. Wird ein Schlangenstern gepackt, wirft er schleunigst den ergriffenen Arm ab und eilt davon. Das hat ihm auch den Namen „brittle star“ eingebracht, was soviel heißt wie „brüchiger Stern“. Der fehlende Arm hinterlässt nicht lange eine Lücke: Bald ist ein neuer nachgewachsen.

Neben den wenige Zentimeter großen Exemplaren, die auch vor unseren Küsten zu finden sind, gibt es auch die

Diesen Schlangenstern haben Sandvorspülungen an den Strand geschwemmt.

großen „Gorgonenhäupter“ mit ihren reich verzweigten Armen. Benannt nach drei Schwestern, Fabelwesen der griechischen Sagenwelt und wahren Ungeheuern mit Schlangenhaaren. Ihr Blick soll jeden in Stein verwandeln. Allerdings sind die Gorgonenhäupter beileibe nicht so grauenerregend wie ihre Taufpatinnen. Friedlich breiten sie ihre Schlangenarme im Wasser aus und fangen damit kleine Schwebewesen.

Auch die dritte Gruppe von stachelhäutigen Sternen – die Haarsterne – hat vielfach verästelte Arme. An deren schleim-

Sagenumwoben: Gorgonenhaupt vor der chilenischen Küste.

bedeckter Oberfläche bleiben Planktontiere kleben, die anschließend von vielen kleinen Wimpern durch Nahrungsrinnen zum Mund befördert werden. Haarsterne wandern auf ihren Armen und können aus schnellem Lauf sogar anfangen zu schwimmen. Dazu schlagen sie die Arme kraftvoll auf und nieder.

Rühr mich nicht an

Eine besondere Eigenart der Seegurken brachte den amerikanischen Schriftsteller John Steinbeck fast zur Verzweiflung. Zusammen mit seinem Freund, dem Biologen Ed Ricketts, versuchte er auf einer Forschungsreise im Golf von Kalifornien, Seegurken unbeschadet einzusammeln. Seine Erfahrungen schrieb er im „Logbuch des Lebens" nieder:

„Am Grunde erblickten wir graue, etwa 90 cm lange schlangenartige Tiere mit schwarzer Zeichnung und blumenartigen violett-orangenen Köpfen wie Chrysanthemen, dergleichen wir noch nie gesehen hatten. … Am Meeresboden krochen sie munter herum, bewegten graziös ihre Blumenhäupter, während die Flut ihre Mägen unablässig mit Nahrung versorgte. An Bord zeigten sie in hohem Maße die Gewohnheit vieler Holothurien *(Anm. Seegurken)*, sich selbst auszuweiden. Diese Euapta *(Anm. Seegurkenart Euapta godeffroyi)* scheint ganz besonders nervös. Wir suchten sie mit Epsomsalz zu entspannen, um sie in ganzer Länge mit ihrem ausgestreckten Blumenkopf töten zu können, allein das Salz, so sorgsam wir es anwandten, hatte nur den Effekt, dass sie die Köpfe einzogen und gleich darauf ihre Mägen ins Wasser ausstießen."

„Mägen" ist dabei literarisch gemeint: Um sich zu verteidigen, feuern viele Seegurken lange klebrige Fäden ab, die an ihrem Enddarm sitzen und bei einigen Arten auch Gifte enthalten. Zumeist verwickelt sich der Angreifer in dem Gewirr, sucht sich zu befreien und lässt von der unangenehmen Beute ab.

Eine weitere Spezialerfindung der Seegurken sind ihre Kiemenbäume – vielfach verästelte Schläuche, die ebenfalls vom Enddarm abzweigen. Dieser saugt frisches Atemwasser ein und presst es in die Kiemenbäume. Die nehmen Sauerstoff auf und geben Kohlendioxid ab. Anschließend wird

Dunkle Gestalten: Nordische Seegurken sind meist unscheinbar gefärbt, aber sie tragen prächtige „Blumenhäupter“ aus Fangtentakeln.

das verbrauchte Wasser ausgestoßen und neues eingesaugt.

Die „Blumenhäupter“, die John Steinbeck an seinen Seegurken beschreibt, bestehen aus lauter, zu langen Fangtentakeln umgestalteten Wasserfüßchen. Sie umkränzen den Mund und erbeuten kleine Schwebewesen. Ebenfalls auf Wasserfüßchen schieben die Seegurken ihren walzenförmigen Körper voran. Dazu nutzen sie die drei ihrer insgesamt fünf Füßchen-Doppelreihen, die auf der Körperunterseite liegen.

Kaum jemand kennt die heimischen Seegurken. Die meisten sind unscheinbar, braun, gelblich oder grau gefärbt, liegen wie Würste am Boden herum oder graben darin. Ganz anders die tropischen Arten: Die treten auf wie Popstars in knallig bunten Hüllen mit verwegenen Mustern. Ein Styling, das dem ungewöhnlichen Innenleben der stachelhäutigen Gurken viel besser entspricht als das nordische Understatement der hiesigen Vertreter.

Manteltiere und Menschen

Manchmal fallen Äpfel weit vom Stamm. Jedenfalls haben wir nicht viel Ähnlichkeit mit unseren marinen Stammesgenossen, den Manteltieren. Die sehen eher aus wie Schwämme oder wie gläserne Tönnchen. Aber als Chordatiere sie sind nahe Verwandte der Wirbeltiere und tragen die Vorläufer von Wirbelsäule und Rückenmark in sich. Auch wir haben in frühen Tagen im Mutterbauch Kiemenspalten im Darm – ebenso wie die Manteltiere, die damit Plankton filtern. An den Beginn unserer Dynastie erinnert auch ein kopfloses, fischähnliches Wesen, das schräg im Meeressand steckt.

Selten kam eine Berühmtheit schlichter daher: Farblos, nur wenige Zentimeter lang, stromlinienförmig wie ein Fisch, aber ohne Kopf. So schlängeln sie durch den Sand: die Lanzettfischchen oder „Schädellosen“. Sie sind Wegweiser zum Ursprung der Wirbeltiere, also zu den Anfängen von Möwe, Scholle, Seehund – und uns selbst. Sie, die wie durchsichtiges Blattwerk fast unsichtbar im Boden stecken, sind so bedeutend, dass ihnen die Systematiker einen eigenen Unterstamm eingerichtet haben, der gleichberechtigt neben dem der Wirbeltiere steht. Und sie tragen bereits die Merkmale, die am Beginn der mächtigen, Skelett tragenden

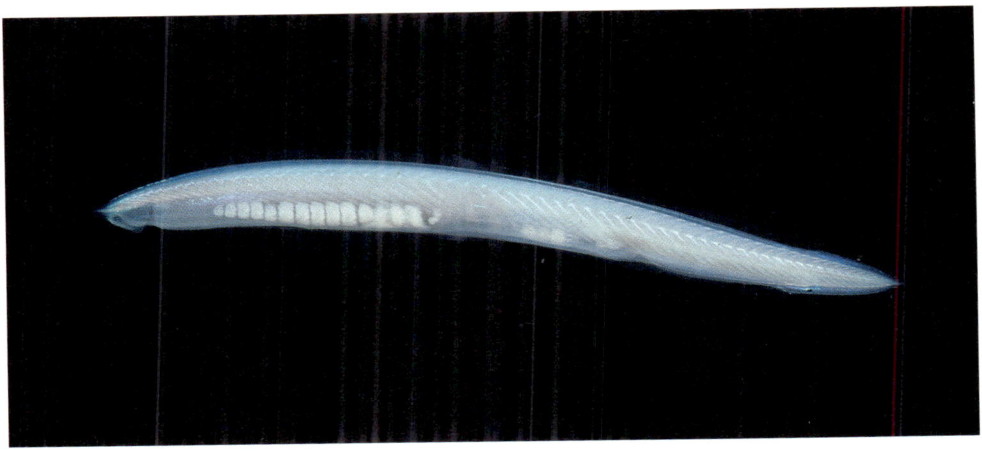

Unsere unscheinbaren Verwandten: Lanzettfischchen stecken kopflos im Sand und filtern Wasser.

Eroberer mit großen Gehirnen, scharfen Sinnen und komplexem Verhalten standen.

Von vorne nach hinten durchzieht eine Chorda den Körper der Lanzettfischchen. Chorda heißt Saite und bezeichnet einen langen, biegsamen Stützstab am Rücken der Tiere, an dem die Muskelpakete ansetzen. Darüber liegt das Zentralnervensystem: das Rückenmark. Beide – Chorda und Rückenmark – kennzeichnen den Stamm der Chordatiere, zu denen neben den Lanzettfischchen auch Mantel- und Wirbeltiere gehören. Bei letzteren geht aus der Chorda die Wirbelsäule hervor.

Und noch ein drittes Merkmal teilen wir mit unseren kopflosen Verwandten: den Kiemendarm. Kiemen? Das bedeutet leider nicht, dass wir ohne schweres Gerät und abgefüllte Atemluft hinter unseren marinen Stammesgenossen hertauchen können. Denn die Kiemenspalten durchbrechen unseren Vorderdarm lediglich für kurze Zeit, während wir noch in der mütterlichen Fruchtblase schwimmen – sozusagen als Fingerzeig auf unsere Herkunft. Als wenige Millimeter großer Embryo tragen wir auf jeder Seite des Halses vier Kiemenspalten, die sich aber bald zurückbilden. Eine Funktion haben sie nicht, denn der werdende Mensch wird über die Nabelschnur mit Sauerstoff und Nährstoffen aus dem Mutterkuchen versorgt.

Die Lanzettfischchen nutzen ihren Kiemendarm zum Atmen und Fressen. Sie recken sich aus dem Sand empor, strudeln Meerwasser durch den Mund ein und durch die Kiemenspalten im Vorderdarm hindurch. Dabei werden Sauerstoff und Kohlendioxid ausgetauscht, nahrhafte Schwebeteilchen zurückgehalten und in Schleim eingebettet in den Darm transportiert. Anschließend fließt das verbrauchte Wasser durch eine Ausstromöffnung wieder nach draußen. Ihr Dasein als lebende Wasserfilter erklärt auch, warum die „Schädellosen" auf einen Kopf verzichten: Um kleine Nahrungspartikel aus dem Wasser zu seihen, ohne dabei umher zu schwimmen, sind weder hoch entwickelte Sinnesorgane noch ein großes Gehirn vonnöten. Auch die filtrierenden Muscheln und Manteltiere vertrauen dementsprechend auf ihren Bauch und verzichten auf einen Kopf. Die Wirbeltiere hingegen haben sich auf andere Methoden des Nahrungserwerbs verlegt. Um beispielsweise Beutetiere aufzuspüren und zu jagen, haben sie ihre Sinnes- und Gehirnleistungen perfektioniert und die besten Köpfe im ganzen Tierreich entwickelt. Bei ihnen hat der Kiemendarm

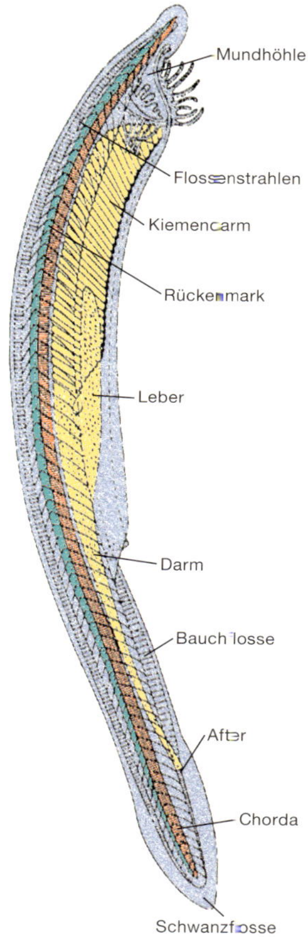

Schematischer Schnitt durch ein Lanzettfischchen. Die Chorda durchzieht als Stützstab den ganzen Körper, in dem voluminösen Kiemendarm wird Meerwasser filtriert.

Sandwanderer: Von den „Schädellosen" zu klugen Köpfen.

seine Filterfunktion eingebüßt. Die Fische tragen zwar Kiemen, aber insbesondere, um damit zu atmen. Nur wenige Arten, beispielsweise Anchovis oder Heringe, filtern auch Planktonnahrung mit ihren Kiemen.

Unsere bucklige Verwandtschaft

Kaum einer kennt sie und so richtig stolz sind wir auf diese Verwandten wohl auch nicht: Die zu den Manteltieren gehörenden knolligen Seescheiden sitzen – den einfach organisierten Schwämmen zum Verwechseln ähnlich – am Meeresgrund fest. Am deutlichsten zeigen ihre freischwimmenden Larven die Verwandtschaft zu den Wirbeltieren. Sie sehen aus wie Kaulquappen mit Kopf und Schwanz. Und sie tragen den Wirbelsäulen-Vorläufer, die Chorda, die sie allerdings später wieder zurückbilden. Es besteht also kein Zweifel: Seescheiden sind unsere Genossen im Stamm der Chordatiere. Vielleicht haben Sie schon mal eine gesehen – einige sitzen an Felsen in der Gezeitenzone. Aber familiäre Bande zu den buckligen Gestalten am Meeresgrund haben Sie sicherlich nicht vermutet.

Seescheiden haben zumeist zwei nach oben gerichtete Öffnungen. Durch die eine strömt Meerwasser ein, wird in einem umfangreichen Kiemendarm gefiltert und fließt durch die zweite wieder hinaus. Wie bei allen Manteltieren wird ihr Körper von einem dicken, widerstandsfähigen „Mantel" aus einer zelluloseartigen Verbindung eingehüllt.

So entfernt ihre Verwandtschaft zu uns auch anmuten mag: Für die Wissenschaftler sind die Seescheiden ein einfaches und höchst nützliches Modell der Wirbeltiere. Die durchsichtige Schlauch-Seescheide beispielsweise, die häufig auf Felsen, an Pfählen oder Hafenmolen wächst, ist zum gläsernen Organismus geworden: Ihr Erbgut wurde vollständig entziffert. Es enthält etwa 16 000 Gene – rund die Hälfte dessen, was in Wirbeltieren und damit auch im Menschen zu finden ist. Bei letzteren sind viele Gene verdoppelt, bei der Seescheide noch nicht. Am Modell Manteltier lässt sich daher die Funktion einzelner Gene leichter untersuchen.

Neben den festsitzenden Seescheiden gehören auch die freischwimmenden Salpen zu den Manteltieren. Sie sind auf der Hochsee zuhause und sehen aus wie gläserne Tönn-

Seescheiden leben einzeln oder in Kolonien: Schlauch-, Stern- und Keulen-Seescheide.

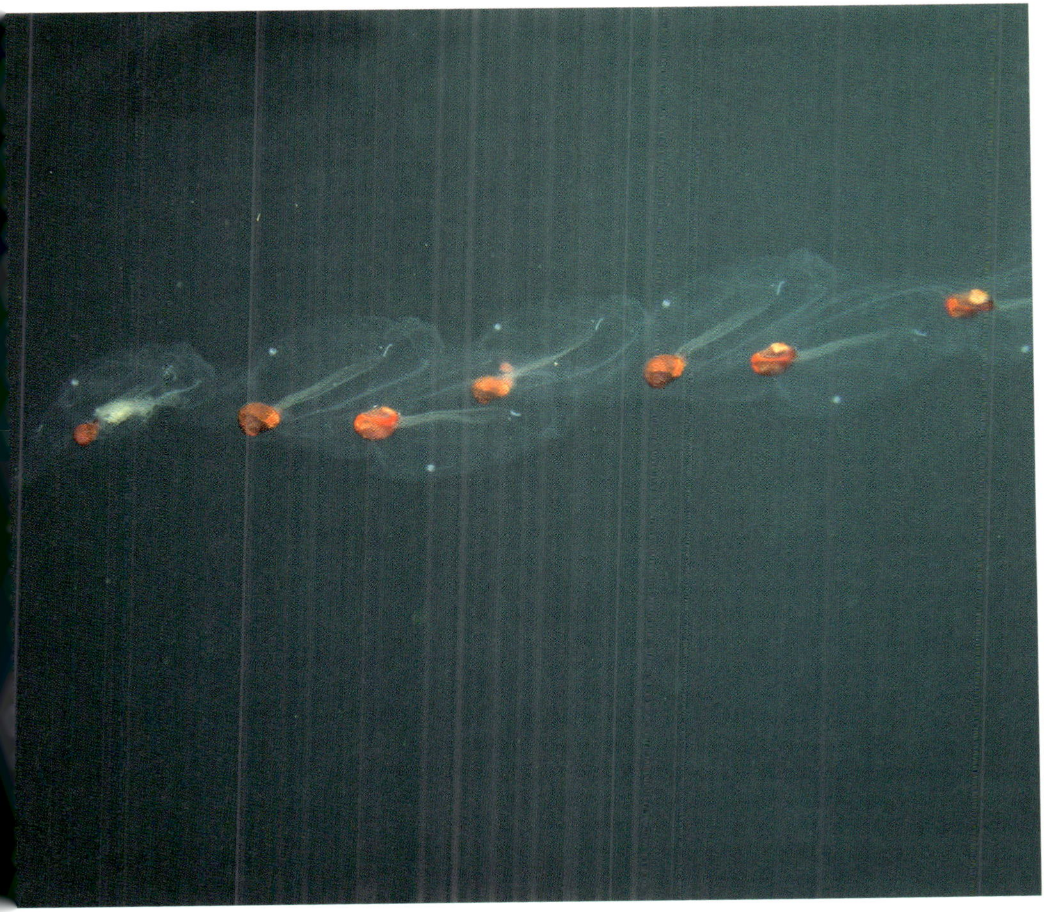

Salpenkette im Ozean.

chen. Auch sie atmen und filtrieren mit einem mächtigen Kiemendarm. Ein- und Ausstromöffnung sitzen an den beiden Körperenden. Damit das Wasser strömt, „pumpen" sich die Tiere mit Muskelkraft durchs Meer. Weil sie sich auch ungeschlechtlich durch Knospen vermehren, entstehen lange Tierketten. Mancherorts bilden sie riesige Schwärme – sehr zum Ärger der Hochseefischer, die dann Netze voller geleeartiger, ungenießbarer Salpen an Bord hieven. Vermutlich würde es sie auch nicht besänftigen zu wissen, dass sie mit diesem „Glibber" auch noch verwandt sind!

Die verknöcherte Gesellschaft

Welche Tiere fallen Ihnen ein, wenn Sie mit Sonnenbrille und Strandtuch im Gepäck in Richtung Nordseeurlaub starten? Möwen vielleicht oder Seehunde oder eine frisch gebratene Kutterscholle. Allesamt Wirbeltiere, ebenso wie Hunde, Katzen, Hühner, Schafe, Pferde und Kühe. Wirbeltiere bilden zwar nur ein kleines Stück der großen Torte der Artenvielfalt auf unserem Planeten, aber sie prägen unser Bild von der gesamten Tierwelt. Neben verschiedenen Fischgruppen gehören Amphibien, Reptilien, Vögel und Säugetiere in den Club der Wirbelsäulen-Träger. Der stützende Stab aus beweglich zusammengesetzten Wirbeln ersetzt die embryonal angelegte Chorda. Eine weitere Besonderheit: Die meisten Wirbeltiere tragen ein Skelett aus Knochen und einen Schädel. Denn im Unterschied zu den „Schädellosen" haben die Wirbeltiere hoch entwickelte Sinne und Verhaltensmuster – und ein entsprechend komplexes Gehirn, das von der harten Schädelkapsel geschützt wird. Ihr Körper ist in Kopf, Rumpf und Schwanz gegliedert. Letzterer wird bei uns noch im Mutterleib wieder zurückgebildet.

Als die ersten Fische an Land gingen, stützten sie sich auf ihre verknöcherten Flossen und besaßen neben ihren Kiemen auch einfache Lungen – also Hohlräume, an deren dünnen Wänden Atemgase zwischen Luft und Blut ausgetauscht werden. Später wandelten sich ihre Flossen zu Laufbeinen, auf denen die Vierfüßer das Festland eroberten. Flügel entstanden, mit denen die Vögel in die Lüfte stiegen. An das Ende dieser Erfolgsgeschichte stellen wir uns

Club der Wirbelsäulen-Träger: Heringe, Scholle,

gerne selbst. Aber wer vom Deich aus die Vogelschwärme über dem Meer ziehen sieht oder die Seehunde, die sich auf der Sandbank räkeln, dem kommt sicher nicht in den Sinn, darin nur Etappen auf dem Weg zur „Krone der Schöpfung" zu sehen.

Ohnehin bietet die Schöpfung keinen Platz für gekrönte Häupter. Blaublütige Adelige, zu Höherem geboren? Fehlanzeige! In der Natur muss sich jeder seinen Platz suchen. Und blaues Blut findet sich zwar in einigen Schnecken und Krebsen, aber in unseren Adern fließt rotes Blut, ebenso wie in den Wattwürmern. Unsere Urahnen sind die gemeinsamen Vorfahren aller Lebewesen: einfache einzellige Organismen, die schon vor über drei Milliarden Jahren lebten. Und sie stammen aus dem Meer. Ebenso wie die ersten vielzelligen Tiere, die uns als Fossilien aus etwa 600 Millionen Jahre alten Gesteinen bekannt sind. Aus den Urviechern im Ozean entwickelte sich die ganze tierische Vielfalt – bis hin zu uns Menschen.

Ozeanische Ursuppe

Viele Tierstämme und -klassen haben gar keine oder nur wenige Angehörige, die jemals aus dem salzigen Nass an Land gekrochen sind. Wer also nie einem Blick in die marine Unterwasserwelt geworfen hat, weiß nicht, dass der Stamm der Stachelhäuter überhaupt existiert. Auch Schirmquallen, Blumentiere, Tintenfische oder Manteltiere blieben ihm verborgen, ebenso unterschiedlichste „Wurmartige", die am Meeresboden hausen.

Möwen, Seehunde.

Die großen Erfolgsteams hingegen, die vor etwa 400 Millionen Jahren das Festland eroberten und dort eine unglaubliche Artenvielfalt entwickelten, lassen sich an einer Hand abzählen: Insekten, Spinnen- und Wirbeltiere. Aber auch sie tragen ihr ozeanisches Erbe in sich – genauso wie wir. Unsere Ahnenreihe reicht weit zurück und verbindet uns mit der Seeanemone an der Hafenmauer, der Muschel und dem Wattwurm im Sand, dem Fisch im Wasser ... All die Fundstücke am Strand, die Schneckenhäuser, Krebsscheren und Seeigelpanzer, erzählen auch einen Teil unserer eigenen Geschichte.

Unser ozeanisches Erbe ...

salzhaut, wasserhaare
schmelzen im sand
eins mit allen knoten
die das leben knüpft
verlockt und verloren
im schaum der tage
geboren und geborgen
im meer der zeit

Dank

Ich danke dem Alfred-Wegener-Institut für Polar- und Meeresforschung in der Helmholtz-Gemeinschaft (AWI) für die freundliche Unterstützung, insbesondere folgenden Mitarbeitern der Wattenmeerstation Sylt: Justus van Beusekom, Christian Buschbaum, Karsten Reise und David Thieltges. Mein besonderer Dank gilt außerdem Ilka Flegel, Simone Humml, Klaus Janke, Dirk Schories sowie meiner Familie, die es mir ermöglicht hat auch als werdende und junge Mutter noch ein Buch zu vollenden.

Bildnachweis

Alvin/WHOI (Woods Hole Oceanographic Institution): Seite 54
van Beusekom, Justus (AWI): Seite 10, 14, 48 (links)
Buschbaum, Christian (AWI): Seite 41, 71
Deutsches Röntgen-Museum: Seite 91
Halliger, Hanne (AWI): Seite 60 (rechts oben)
Hansen, Jesper Guldberg: Seite 53 (unten)
Jagow, Reinhold: Seite 33 (unten), 93
Janke, Klaus: Seite 25, 26 (oben), 32, 45, 47, 103, 109 (rechts)
Kristensen, Reinhardt Møbjerg: Seite 52, 53 (oben)
Krumbeck, Hartwig: Seite 82 (unten)
Lackschewitz, Dagmar (AWI): Seite 38
Landeck, Horst-Dieter: Grafiken Seite 13, 23, 39, 50, 57, 63, 77 (oben), 95, 104
Loebl, Martina (AWI): Seite 60 (rechts unten + Mitte), 74 (unten), 96 (oben)
Melzner, Frank (AWI): Seite 92 (unten)
Mrotzek, Christian: Seite 24
Reise, Karsten (AWI): Seite 37 (oben), 43, 46, 109 (links)
Schilling, Udo (AWI): Seite 20
Schories, Dirk: Seite 12, 16 (rechts), 19, 21, 28, 29, 30, 31, 35, 36, 40, 44, 56 (oben), 59, 61, 64, 67, 69, 70, 74 (oben), 77 (unten), 80 (links), 82 (oben + Mitte), 83, 84, 87, 94 (unten), 96 (unten), 98, 100, 102, 106, 107, 108
Soltwedel, Thomas (AWI): Seite 48 (rechts), 49 (links)
Thieltges, David (AWI): Seite 81 (rechts)
Wilhelmsen, Ute: Titel, Seite 6, 7, 8, 9, 11, 16 (links), 18, 26 (unten), 27, 33 (oben), 34, 37 (unten), 42, 48 (links), 49 (rechts), 55, 56 (unten), 58, 60 (links), 62, 65, 66, 73, 75, 76, 78, 79, 80 (rechts), 81 (links), 85, 86, 88, 89, 90, 92 (oben), 94 (oben), 99, 105, 110, 111.